AVANTI !

Italian Course
TEACHER'S BOOK

Authors

Gudrun Bogdanski
Martina Hirt-Harlass
Theo Stoltenberg

in collaboration with

Angelo Coluccini
Klaus Schachtsiek

Additional material by

Jonathan Owen

Stanley Thornes (Publishers) Ltd.

Authors
Gudrun Bogdanski
Martina Hirt-Harlass
Theo Stoltenberg

in collaboration with
Angelo Coluccini
Klaus Schachtsiek

Additional material by
Jonathan Owen

Illustrations
Herbert Horn, Munich

Original edition (published in *Buongiorno* Workbook 1 and Teacher's Book 1)
© 1984 Ernst Klett Verlage, GmbH u. Co. KG, Stuttgart, Federal Republic of Germany.

Additional and modified material for this edition © 1989 Jonathan Owen.

This licensed edition of material from *Buongiorno* 1 first published in 1989
by Stanley Thornes (Publishers) Ltd, with the approval of Ernst Klett Verlag.

British Library Cataloguing in Publication Data
Bogdanski, Gudrun
   Avanti!
   Italian course
   Teacher's book
   1. Italian language
   I. Title   II. Hirt-Harlass, Martina   III. Stoltenberg, Theo
   450

   ISBN 0-85950-847-1

Printed and bound in Great Britain by Ebenezer Baylis & Son, Worcester

CONTENTS

Introduction to *Avanti!*

INTRODUCTION TO AVANTI!

Avanti! is suitable both for school students and for others who wish to learn the Italian language and about aspects of Italian life and culture.

AIMS
Avanti! covers various aspects of life in Italy. The course places strong emphasis on a communicative approach, which will be particularly helpful for students or adults preparing for GCSE. However, it is equally useful for anyone who wishes to learn Italian for holiday or business purposes. The chapters are set out thematically, and the situations covered are of a kind that a visitor to Italy would encounter. There is a useful and well defined grammatical appendix to each chapter, with verb and other grammar points relating to the chapter, and additional information.

SUMMARY OF COMPONENTS
The material consists of a coursebook, a teacher's book (incorporating copyright-free worksheets) and two cassettes of recorded material. If used in a normal school context, these materials should provide the basis for at least two years' study towards GCSE.

THE COURSEBOOK
The coursebook consists of 17 chapters. There are four blocks of test material, designed to follow Chapters 4, 8, 12 and 17. There is an accompanying grammar analysis for each chapter, as well as a vocabulary list. Finally, there are notes on pronunciation, and an alphabetical wordlist with phonetic transcriptions.

The length of time necessary for each chapter is naturally dependent to some extent on the nature and calibre of the students in question. (Very able students could conceivably complete the course in one academic year.)

The chapters in *Avanti!* are (with the exception of the introductory lesson) divided into part A and part B.

Part A
This provides a step-by-step presentation and exercise section. This part concerns itself with authentic conversations and active speech models for the students' use.

Part B
This part of each chapter is coloured orange, and consists of a listening and/or reading text with exercises. The texts are in dialogue or narrative form.

The narrative texts, and also most of the dialogues (interviews, etc.), are newspaper or magazine articles. They include a wide range of cultural information, develop particular aspects of a theme and provide a topic for discussion and development in the lesson.

The exercises in Part B have the following functions:

- To test understanding (exercise types include true/false, multiple choice, questions on a text, etc.).
- Picture stories; role play situations picking up a given topic.

ILLUSTRATIONS IN THE COURSEBOOK
The illustrations (signs, photographs, maps, realia) constitute an important part of both texts and exercises. They have the following functions:

- To convey cultural impressions and details.
- To bring situations to life.
- To provide a starting point for realistic exercises.

TESTBLOCKS

At the back of the book there are four testblocks with reading, listening and writing exercises. (The texts of the listening sections of the testblocks are printed in the teacher's book.) In this way, students can evaluate their progress throughout the course.

Lessons 1–4   Testblock 1 (to be used after Lesson 4)
Lessons 5–8   Testblock 2 (to be used after Lesson 8)
Lessons 9–12   Testblock 3 (to be used after Lesson 12)
Lessons 13–17   Testblock 4 (to be used after Lesson 17)

GRAMMAR SECTION

At the back of the coursebook there is an extensive grammar appendix which deals systematically with grammatical points raised in each chapter. These points are explained in English, and help to reinforce and consolidate all aspects of grammar covered in the chapter.

THE VOCABULARY

Avanti! has an 'active' vocabulary of about 950 words and a 'passive' vocabulary of 550 words. The vocabulary is presented in two ways: first chapter-by-chapter, and then in alphabetical order with phonetic transcriptions. (No coursebook can cover *every* word in a particular group's GCSE wordlist; teachers preparing for GCSE may wish to compare this alphabetical list with their own group's wordlist, and supplement it where necessary.)

THE TEACHER'S BOOK AND WORKSHEETS

The teacher's book consists of:

- An overview of each chapter.
- Texts of listening material for the testblocks.
- Copyright-free worksheets and answers.

The main aims of the worksheets are:

- Consolidation and development of themes covered in the lessons.
- A greater development of written skills and writing exercises.
- To further the students' understanding of cultural life in Italy.
- To increase understanding of written material, and to test this through reading texts with questions.

Please note that the formation and use of the future tense has not been covered in the coursebook and has been included in the worksheet section at the end of Chapter 15.

A number of crosswords have been provided in the answers section which do not appear on the worksheets. These have been included for extra practice, the teacher should either draw or make up the clues.

THE CASSETTES

Two cassettes accompany the coursebook. The speakers on the tapes are Italian, mainly from RAI in Turin.

- All texts are read at normal speaking speed.
- The 'A' texts in the first six lessons are repeated with pauses. These may, if teachers wish, be used for repetition by the student; however, breaking up the normal-speed dialogues into meaningful 'chunks' will in any case be an aid to understanding at this early stage.
- Listening material for the testblocks (the text for these is not printed in the coursebook).

Other modern language books from Stanley Thornes and Hulton include:

FRENCH

M and E Bonnea *A la découverte de la France*
E-P Davoust *Danger de mort*
J Hall *Escalier* (Pupils' Books, Teacher's Book, Flashcards, Cassettes)
G Bishop *Le tour du calendrier*
K Heurin *A la découverte de Paris*
Inner London Education Authority *Studio 16* (Students' Books, Teacher's Books, Cassettes)
C Neamat *Scènes de France*
M Mitchell *Working with French*
M Nicoulin *The French Verb*
J S Oudot *French Verbs and Essentials of Grammar*
J S Oudot *Guide to Correspondence in French*
J S Ravisé *Tableaux culturels de la France*
R Symons, Z Bowey and F Donaldson *En direct de la France* (Reading materials from authentic sources)
R Steele and J Gaillard *Ainsi va la France* (Course Book, Cassettes)

GERMAN

G Cumming *Kommissar Schlaufuchs*
P Lupson *Echt Deutsch* (Reading materials from authentic sources)
P Lupson *Everyday German Idioms*
P Lupson *Schreiben ohne Leiden!*
P Lupson, H Aufderstraße et al *Los geht's!* (Course Books, Teacher's Books, Cassettes)
P Smith *Einfach toll!* (Course Books, Teacher's Books, Flashcards, Cassettes)

ITALIAN

D Aust and C Shepherd *Lettere Sigillate*
G Dekovic *Vita Italiana*
C Flynn *Attenzione Prego!* (Book, Cassettes)

SPANISH

T Connell and J Kattán-Ibarra *Spain after Franco*
T Connell and J Kattán-Ibarra *Working with Spanish* (Course Books, Teacher's Notes, Cassettes)
T Connell and E Heusden *The Spanish Verb*
Jaguar Readers (*La herencia* by R H de Escobar, *El enredo* by A M Kosnik, *Un verano misterioso* by A M Kosnik, and *El ojo de agua* by A Schrade)
M Montoro-Blanch *Premio* (Pupils' Books, Teacher's Books, Flashcards, Cassette
J Noble and J Lacasa *Complete Handbook of Spanish Verbs*

Acknowledgements

Photographs:
Andrea Aiazzi, Pistoia: 45,46,1–4; – Anthony Verlag, Starnberg: (Bogner) 24,2; (Schaper) 24,3; (Reinhold) 24,4; (H. Schmied) 27,1; (H. Kunert) 27,3 – Gaetano Barone, Firenze: 42,2,4; 59; – Dr. Barbara Huter, Stuttgart: 24,5; – Gerd Maier, Stuttgart, 27,2; – Arnoldo Mondadori, Milano (Grazia, Fendi): 70,1,2 – Giovanna Mungai-Maier, Stuttgart: 24,1; 40,1; – Elisabetta Nöldeke, Metzingen: 48,1 – Ullstein, Berlin: 27,4.

Realia:
Bruno Brizzi, Roma: 82 – COALCE, Cervia: 56; – E.P.T., L'Aquila: 91 (Una tradizione diventa realtà); – E.P.T., Torino: 61; – Arnoldo Mondadori, Milano: 70 (Gucci e Fendi vestono le vigilesse di Roma from: Grazia); – La Repubblica, Roma: 51 (La famiglia italiana? Ha casa e spende più di un milione al mese)

Cover photo (Firenze, Cupola del Brunelleschi): Giancarlo Gasponi, Roma.

Every attempt has been made to contact copyright holders, but we apologise if any have been overlooked.

TEACHER'S NOTES AND TAPESCRIPTS OF TESTBLOCKS

LEZIONE 1

Overview of the lesson

THEME	FIRST ACQUAINTANCES				
SITUATIONS	• First lesson • Meetings in the street				
COMMUNICATIVE AIMS	• Introducing oneself • Asking names • Greetings • Asking how someone is • Saying goodbye				
MAIN LANGUAGE	• Verb *essere*: *sono, è* • Verbs *chiamarsi, stare* (present singular) • Use of subject pronoun (*io, tu, Lei*) • Definite article I: *il, la*				
	BOOK			ACCOMPANYING MATERIAL	
	TEXT	EXERCISES	GRAMMAR	CASSETTE	WORKSHEETS
	A1			*	
	A2			*	
	A3			*	
	A4 A5			* *	
	A6			*	
	A7	1–4	§1–3	*	

∗ Text and cassette

Suggestions for further exploitation
1. Namecards for students.
2. Pictures of well-known personalities from newspapers and magazines.

LEZIONE 2

Overview of the lesson

THEME	MEETINGS
SITUATIONS	• First conversations: at the campsite, in the cafe, in the street, in the train • Telephone conversations
COMMUNICATIVE AIMS	• Asking and giving origins/nationality • Stating where you are • Asking for and giving reasons for visit
MAIN LANGUAGE	• Prepositions of place: *di, a, in* • Verbs *essere* (*sei*) *and fare* (*fai, fa*) • Verbs ending in -*are* (present singular) • Adjectives I (singular) • Definite article II: *l'* • Question words

		BOOK		ACCOMPANYING MATERIAL	
	TEXT	EXERCISES	GRAMMAR	CASSETTE	WORKSHEETS
	A1			*	
	A2	1	§4, 5	*	
	A3	2	4	*	1, 2
	A4 A5	3, 4	6, 8	* *	3–6
	B	5–8		*	7–9

* Text and cassette

Suggestions for further exploitation
1. Large maps of Britain and Italy.
2. Blank maps of Italy to label.
3. Photos of Urbino.
4. Cards for a memory game with regions and towns.

LEZIONE 3

Overview of the lesson

THEME	LET'S GO FOR A DRINK			
SITUATIONS	• In a bar • In a pizzeria • With friends			
COMMUNICATIVE AIMS	• Suggesting something • Agreeing • Asking for something, accepting, declining • Expressing wishes, ordering drinks, asking prices			
MAIN LANGUAGE	• First person plural • Verbs ending in -ere and -ire (singular present) • The indefinite article • Cardinal numbers I (1–20, 50, 100, 1000)			

	BOOK			ACCOMPANYING MATERIAL	
	TEXT	EXERCISES	GRAMMAR	CASSETTE	WORKSHEETS
	A1			*	
	A2	1	§10–12	*	
	A3	2, 3	13	*	
	A4	4	12, 13	*	1
	A5	5, 6		*	2, 3
	A6	7, 8	10	*	
	B	9, 10		*	4, 5

* Text and cassette

Suggestions for further exploitation
1. Photos and adverts of drinks.
2. Price lists with drinks from 250 to 1000 lire. *higher*
3. Italian banknotes and coins.
4. Take real drinks and have a class bar.

LEZIONE 4

Overview of the lesson

THEME	LOOKING FOR ACCOMMODATION				
SITUATIONS	• Hotels • In the hotel • Telephone conversation • Flats • Travel agencies				
COMMUNICATIVE AIMS	• Asking for hotel rooms • Asking for and giving telephone numbers • Stating where you are • Expressing likes and dislikes • Identifying specific accommodation features • Confirming something				
MAIN LANGUAGE	• Plurals of nouns • Cardinal numbers II • Present tense of *avere* and *essere* • Negative with *non* • Prepositions *di* and *a* with the definite article (singular) • Adjectives II (singular)				
		BOOK		ACCOMPANYING MATERIAL	
	TEXT	EXERCISES	GRAMMAR	CASSETTE	WORKSHEETS
	A1			*	
	A2			*	1
	A3		§14–17	* *	2, 3
	A4		15, 18	*	4
	A5	1–3	16–19	*	5, 6
	A6	4		*	
	B	5–8		*	7, 8

* Text and cassette

Suggestions for further exploitation
1. Map of Italy.
2. Various hotel brochures.
3. Photos of Gubbio.
4. Name cards and phone numbers.

TESTBLOCK 1 – TO BE USED AFTER CHAPTER 4

Tapescript

Exercise 1
1. È il signor Rossi?
2. Si chiama Bianchi.
3. È di Roma.
4. Prendiamo un caffè?
5. Un toast, va bene?
6. Andiamo in questo bar.
7. Il posto è troppo rumoroso.
8. Siete qui in vacanza?
9. Hai tempo stasera?
10. Luglio è alta stagione.

Exercise 2
1. dove – dov'è
2. posto – posto
3. sei – sei
4. sete – sette
5. siamo – stiamo
6. come – com'è
7. cosa – cosa
8. casa – cassa

Exercise 3
1. Una birra e un toast. – 2500.
2. Qual è il prefisso di Roma? – 06.
3. Qual è il numero dell'Hotel Astoria? – 221176.
4. Quanto costa una camera matrimoniale con bagno? – 60.000 lire.

Exercise 4
1. Buongiorno, signora, come sta?
2. Di dove sei?
3. Prende una birra?
4. Ho sete, prendiamo qualcosa?
5. Dove siete?
6. Com'è la camera?

Exercise 5
1. Michele Riboni, Corso Romita 15, Alessandria, telefono 0131 16679
2. Giovanni Roncaldi, Corso Bolzano 6, Torino, telefono 011 887500
3. Mario Rossi, Via Emanuele Filiberto 33, Roma, telefono 06 298217
4. Carmine Rubiello, Via Pignatelli 27, Napoli, telefono 081 388347

Exercise 7

Agenzia Globo
Via Cavour 3
Bologna

Avete ancora appartamenti liberi a Riccione per il mese di luglio? Siamo una famiglia di quattro persone, due adulti e due bambini e cerchiamo un appartamento abbastanza grande, con garage, in un posto tranquillo, vicino al mare. Quanto costa al mese, tutto compreso? Grazie e cordiali saluti.

Gianna Neri

LEZIONE 5

Overview of the lesson

THEME	FINDING THE WAY IN TOWN				
SITUATION	• In a foreign town (in the street/on a bus)				
COMMUNICATIVE AIMS	• Asking about shops/transport • Asking the way • Understanding and giving directions • Excusing oneself • Expressing opinions on free time • Expressing thanks				
MAIN LANGUAGE	• *c'è* • Adverbs of place • Prepositions of place • Ordinal numbers • Second person plural • Infinitive sentences				

		BOOK		ACCOMPANYING MATERIAL	
	TEXT	EXERCISES	GRAMMAR	CASSETTE	WORKSHEETS
	A1	1	§22	*	1
	A2	2, 3	20, 21	* *	
	A3	4	20	* *	2, 3
	A4	5, 6	24	*	4
	A5	7	23	*	5–7
	B	8–12		*	

* Text and cassette

Suggestions for further exploitation
1. Town plans of Italian and English towns.
2. Paper on which to design town plans.

LEZIONE 6

Overview of the lesson

THEME	BUYING FOOD
SITUATIONS	• Recipes • Different shops • At the market
COMMUNICATIVE AIMS	• Shopping conversations • Asking for something • Giving quantities • Asking about quantity/price • Expressing requirements • Expressing opinions
MAIN LANGUAGE	• Quantities with *di* • Definite article III (singular/plural) • Present tense of verbs • *c'è, ci sono* • *da* with article (singular) • Adjectives III (singular/plural) • Absolute superlative

	BOOK			ACCOMPANYING MATERIAL	
TEXT	EXERCISES	GRAMMAR		CASSETTE	WORKSHEETS
A1				*	
A2	1, 2	§26, 27		*	1, 2
A3		28, 29		*	3
A4	3	30		*	
A5	4	25		*	
A6	5–7	31		*	4
B1	8	28		*	5
B2	9–12			*	

* Text and cassette

Suggestions for further exploitation
1. Pictures and adverts of foodstuffs.

LEZIONE 7

Overview of the lesson

THEME	TALKING ABOUT OURSELVES AND OTHERS				
SITUATIONS	• Conversations between colleagues and friends • Questions about jobs • Letter reading				
COMMUNICATIVE AIMS	• Talking about what happened in the past • Talking about belongings • Talking about jobs and personal circumstances • Expressing happiness/sadness				
MAIN LANGUAGE	• *Passato prossimo* I • Year, month and date • Possessive pronouns I • *di* with article (plural) • *molto, tanto, troppo, poco* • Infinitive after impersonal verbs/expressions • *rimanere*				
		BOOK		ACCOMPANYING MATERIAL	
	TEXT	EXERCISE	GRAMMAR	CASSETTE	WORKSHEETS
	A1	1		*	
	A2	2	§32,33,38	*	
	A3	3	34, 35	*	
	A4	4	35	*	
	A5	5	36, 37	*	
	B	6–9		*	1

* Text and cassette

Suggestions for further exploitation
1. Italian calendars.
2. Adverts for monuments, restaurants, etc. (for Exercise 8).

LEZIONE 8

Overview of the lesson

THEME	INVITATIONS				
SITUATIONS	● Invitation to meet ● Invitation for a meal ● Invitation to visit friends				
COMMUNICATIVE AIMS	● Accepting/declining invitations ● Making an appointment/greeting a guest ● Introductions/saying goodbye ● Writing a thank-you letter				
MAIN LANGUAGE	● Times and days of the week ● Verbs *potere, volere, dovere* ● *Passato prossimo* II ● Possessive pronouns II ● Preposition of place (*da*) ● Object pronouns: *mi, ti, Le, La*				

	BOOK			ACCOMPANYING MATERIAL	
	TEXT	EXERCISE	GRAMMAR	CASSETTE	WORKSHEETS
	A1	1	§41	*	1, 2
	A2	2, 3	41	*	3
	A3	4	42, 43, 45	*	4, 6
	A4	5	44	* *	7
	A5	6	46, 47	*	5
	A6			*	
	A7	7	47	*	8
	A8			*	
	A9	8, 9	47	*	
	B	10, 11		*	

* Text and cassette

Suggestions for further exploitation
1. A clock for A1.
2. Authentic TV programme schedules from newspapers and magazines.

TESTBLOCK 2 – TO BE USED AFTER CHAPTER 8

Tapescript

Exercise 1

Dialogo n. 1: ~ Vorrei un giornale tedesco.
  ≈ Mi dispiace, i giornali tedeschi non sono ancora arrivati.

Dialogo n. 2: ~ Scusi, via Mazzini è ancora lontano?
  ≈ No, è la terza fermata.

Dialogo n. 3: Offerta speciale: due etti di caffè 3500 lire!
  ~ Prendiamo anche il caffè?
  ≈ Sì, questo è buono e costa poco.

Dialogo n. 4: ~ Un martini, per favore.
  ≈ Deve fare prima lo scontrino alla cassa.

Dialogo n. 5: ~ Vorrei parlare con l'ingegner Sarotti.
  ≈ Mi dispiace, l'ingegnere non è ancora arrivato.
  Può ritelefonare dopo le 11?

Dialogo n. 6: ~ Mi dia anche due etti di parmigiano.
  ≈ Altro?
  ~ No, basta così.

Exercise 2

1. Germania – 2. chilo – 3. piacere – 4. preferisce – 5. funghi – 6. girare

Exercise 3

1. Il corso d'italiano comincia alle 6 e un quarto.
2. Il telegiornale comincia all'una.
3. Il film finisce alle cinque meno cinque.
4. Il circo comincia alle quattro e un quarto.
5. La marcia comincia alle dieci meno un quarto.
6. Il concerto finisce a mezzogiorno e venti.
7. La partita comincia alle tre e mezzo.

Exercise 4

1. Che cosa bisogna comprare?
2. Maria, che cosa hai fatto ieri sera?
3. Scusi, c'è un parcheggio qui vicino?
4. Scusi, dov'è la fermata del numero 7?
5. Giovanna vive da sola?
6. La posso accompagnare a casa?

LEZIONE 9

Overview of the lesson

THEME	THE FAMILY AND DAILY LIFE			
SITUATIONS	• Conversations between neighbours and in the family • Talking about different lifestyles			
COMMUNICATIVE AIMS	• Describing daily routine • Talking about one's family			
MAIN LANGUAGE	• Reflexive verbs: present and *passato prossimo* • Time of day • Possessive pronouns III (singular/plural) • Object pronouns: *lo*, *la*, *li*, *le* • Irregularities of verbs: pronunciation and spelling			

	BOOK			ACCOMPANYING MATERIAL	
	TEXT	EXERCISE	GRAMMAR	CASSETTE	WORKSHEETS
	A1		§48, 49	*	
	A2	1	48, 49	*	
	A3	2	48	*	
	A4		50	*	
	A5	4, 5	50, 51, 53	*	
	A6	6	52	*	
	A7	7		*	1, 2
	B	8–10		*	3

* Text and cassette

LEZIONE 10

Overview of the lesson

THEME	HOLIDAY PLANS AND EXPERIENCES
SITUATIONS	• Brochures for regions and transport • Anti-pollution posters • At the tobacconist • Maps • Conversations between colleagues
COMMUNICATIVE AIMS	• Inviting someone to do/not to do something • Giving places/times • Speaking about holidays and weather
MAIN LANGUAGE	• Imperative I (second person singular/plural) • Prepositions *in* and *a* with the article • Definite article with countries • Prepositions of time: *fra, fa, da* • Indirect object with *a* • Indirect object pronouns: *gli, le* • *Passato prossimo* of *piacere*

		BOOK		ACCOMPANYING MATERIAL	
	TEXT	EXERCISE	GRAMMAR	CASSETTE	WORKSHEETS
	A1	1, 2	§54	*	1
	A2	3	54	*	2, 3
	A3		55, 56	*	
	A4	4		* *	
	A5	5	60	* *	
	A6	6–11	57, 58	*	4
	B	12–16		*	5, 6

* Text and cassette

Suggestions for further exploitation
Adverts for holidays, travel brochures, postcards with stamps, maps of Italy, maps of Europe.

LEZIONE 11

Overview of the lesson

THEME	TRAVELLING BY TRAIN AND CAR				
SITUATIONS	● At the station ● Questions on transport ● Getting petrol ● Traffic announcements				
COMMUNICATIVE AIMS	● Enquiring about trains ● Buying tickets ● Asking for help ● Comparing information ● Giving and receiving information and advice				
MAIN LANGUAGE	● Official times ● Prepositions *da* and *su* ● Comparative and relative superlative ● Verbs *dare, salire, scegliere* ● Imperative II: polite form (singular)				
		BOOK		ACCOMPANYING MATERIAL	
	TEXT	EXERCISE	GRAMMAR	CASSETTE	WORKSHEETS
	A1	1	§61	* *	
	A2	2, 3		*	1, 2
	A3	4	62	*	
	A4	5	62	*	3
	A5	6, 7	65	* *	4
	A6	8, 9	63, 64	*	
	B	10–12		*	
		13		*	

* Text and cassette

LEZIONE 12

Overview of the lesson

THEME	SOMEWHERE TO EAT				
SITUATION	● Looking for somewhere to eat ● In a trattoria ● In a restaurant ● Menus				
COMMUNICATIVE AIMS	● Enquiring about somewhere to eat ● Talking about food ● Ordering food ● Correcting the bill				
MAIN LANGUAGE	● *si* construction I ● Verbs *bere, sapere* ● Indefinite article (plural) and partitive article				
	BOOK			ACCOMPANYING MATERIAL	
	TEXT	EXERCISE	GRAMMAR	CASSETTE	WORKSHEETS
	A1	1	§66	*	1
				*	
	A2			*	
	A3			*	
	A4	3, 4	67	* *	2, 3
	A5	5	68	*	4, 5
	A6			*	
	B	6, 8		*	6

* Text and cassette

TESTBLOCK 3 – TO BE USED AFTER CHAPTER 12

Tapescript

Exercise 1

1. Venite domani alle otto. Vi aspetto!
2. Prendi un caffè o un cappuccino?
3. Mi scriva una cartolina, per favore.
4. In città non guido volentieri.
5. Roberto dove va quest'anno in vacanza?
6. Fra due giorni sono a Roma.

Exercise 2

1. ~ Pronto, sono Giulietta Martelli. Vorrei parlare con la signora Chiari.
   ≈ No, guardi che qui è Bianchi, non Chiari.
   ~ Oh, mi scusi.

2. ~ Ciao Carla, sono Anna. Se vuoi stasera ti porto il disco che mi hai chiesto.
   ≈ Mi dispiace, ma stasera vado al cinema con Gigi, vieni domani, per favore.

3. ~ Pronto, qui è Viola. Ho bisogno di un tassì.
   ≈ Dove devo venire?
   ~ In via Verdi, 20.
   ≈ Bene, fra tre minuti sono lì.

4. ~ Scusi, per andare alla stazione?
   ≈ Continui sempre dritto per questa strada. Al secondo semaforo giri a destra e poi subito a sinistra.

Exercise 3

1. Che tempo! Anche oggi niente bagno.
2. Mario! Come sei cambiato!
3. Povera Piera! Suo marito è all'ospedale da due mesi.
4. Non importa, ritorno domani.
5. La benzina 1200 lire al litro?!! Ma che sono pazzi?
6. Se vuoi andare, va'!!!

LEZIONE 13

Overview of the lesson

THEME	CLOTHES MAKETH THE MAN				
SITUATIONS	• In the bank • In a fashion shop and shoe shop • At the market				
COMMUNICATIVE AIMS	• Shopping conversations • Asking for something • Expressing pleasure/displeasure • Making comparisons • Contradicting • Expressing hesitation • Talking about fashion				
MAIN LANGUAGE	• Object pronouns with *ecco* and the imperative • *questo, quello* • Adjectives of colour • Further meanings of *da*				
		BOOK		ACCOMPANYING MATERIAL	
	TEXT	EXERCISE	GRAMMAR	CASSETTE	WORKSHEETS
	A1	1	§69	*	
	A2		71	*	1
	A3	2, 3	70, 73	*	
	A4	4	72	*	
	A5	5, 6	72	*	
	A6	7		*	2, 3, 4
	A7	8, 9	73, 74	*	
	B1 B2	10–13		* *	5

*Text and cassette

Suggestions for further exploitation
Fashion catalogues, pictures of clothes, shoes, etc.

LEZIONE 14

Overview of the lesson

THEME	BE WELL – STAY WELL
SITUATIONS	• Description of ancient doll • At the chemist • Telephone conversations • At the doctor • Giving up smoking course
COMMUNICATIVE AIMS	• Asking the chemist for something • Making an appointment • Explaining what is wrong with oneself • Giving advice
MAIN LANGUAGE	• Agreement of past participle with preceding direct object pronoun • Conditional I (singular) • *ne* as quantity • *non...nessuno/niente* • Adverbs with *-mente*

	BOOK			ACCOMPANYING MATERIAL	
	TEXT	EXERCISE	GRAMMAR	CASSETTE	WORKSHEETS
	A1		§75	*	1
	A2		76	*	
	A3	1, 2		*	
	A4	3, 4	77	* *	
	A5	5	78	*	
	A6	6, 7	79	* *	2
	B	8–12		*	3–6

*Text and cassette

LEZIONE 15

Overview of the lesson

THEME	LOOKING FOR A FLAT
SITUATIONS	• Looking for a room • Visiting possible accommodation • Questions and reader's letter about accommodation
COMMUNICATIVE AIMS	• Describing something • Asking for permission • Locating something • Talking about living conditions
MAIN LANGUAGE	• Position of adjectives • *bello* • More adverbs and prepositions of place • Conditional II (singular/plural) • Object pronouns with the infinitive • *si* construction II • *uscire* • Relative sentences • Future tense (in the worksheet section)

		BOOK		ACCOMPANYING MATERIAL	
	TEXT	EXERCISE	GRAMMAR	CASSETTE	WORKSHEETS
	A1	1	§80, 81	*	1
	A2			*	2
	A3	2	87	*	3
	A4	3, 4	86	*	
	A5	5, 6	82, 84	*	4, 5
	A6	7	85	*	6
	B	8–10		*	7, 8

* Text and cassette

Suggestions for further exploitation
Italian daily papers with adverts for flats; details of houses; pictures of Milan, Rome, Naples.

LEZIONE 16

Overview of the lesson

THEME	HOLIDAYS AND SPORT			
SITUATIONS	• Brochure of winter sports resort • Conversations about holidays and holiday activities • Weather maps • Questions about sport			
COMMUNICATIVE AIMS	• Arranging places and dates • Comparing, evaluating • Understanding weather maps • Expressing pleasure/displeasure • Talking about sporting activities			
MAIN LANGUAGE	• Indefinite pronouns *tutto, ogni, qualche, qualcuno* • *ci* (place) • *non...mai* • Comparative sentences I • Disjunctive pronouns			

	BOOK			ACCOMPANYING MATERIAL	
	TEXT	EXERCISE	GRAMMAR	CASSETTE	WORKSHEETS
	A1	1	§88	*	
	A2	2	90, 91	*	1
	A3	3	92	* *	2
	A4	4	89	*	
	A5	5		*	3
	A6	6, 7	93	*	
	B	8–11		*	

* Text and cassette

LEZIONE 17

Overview of the lesson

THEME	HOLIDAYS – TODAY AND EARLIER				
SITUATIONS	● Festivals ● Carnival in Venice				
COMMUNICATIVE AIMS	● Comparisons ● Describing things in the past ● Extracting information from text				
MAIN LANGUAGE	● Comparative sentences II ● *Imperfetto*				
		BOOK		ACCOMPANYING MATERIAL	
	TEXT	EXERCISE	GRAMMAR	CASSETTE	WORKSHEETS
	A1	1	§94	*	
	A2	2, 3	95	*	
	A3			*	
	B	4, 5		*	1–4

* Text and cassette

TESTBLOCK 4 – TO BE USED AFTER CHAPTER 17

Tapescript

Exercise 1

1. Che cosa posso regalare a Sandra?
2. Vuoi ancora una sigaretta?
3. Stasera andiamo in discoteca. Vieni anche tu?
4. In quale città Le piacerebbe abitare?
5. Le gonne lunghe sono fuori moda?

Exercise 2

Siamo nel Medioevo. Il vescovo <u>tedesco</u> Johannes Fugger fa un <u>viaggio</u> in Italia per provare i vini di <u>questo</u> paese. Il viaggio è <u>lungo.</u> Per non perdere tempo, il vescovo manda avanti una persona al suo <u>servizio.</u> Ogni volta che il servitore trova un buon vino, deve <u>scrivere</u> la parola latina „est" sulla porta dell'osteria. Il servitore <u>segue</u> gli ordini del vescovo fino a quando, un <u>giorno</u> non arriva a Montefiascone, nel Lazio. Qui beve un vino <u>eccezionale</u> e questa volta scrive sulla porta dell'osteria „est – est – est".
<u>Quando</u> il vescovo arriva a Montefiascone prova questo vino e lo trova <u>straordinario</u>, ne beve tanto e tanto che . . . alla fine muore.

For Lezione 14 Exercise 10
Answers are in cassette conversations.

1. ~ Ho un gran mal di gola.
   ≈ Le do queste pastiglie. Se poi non si sente meglio, vada dal medico.
2. ~ Buongiorno, signorina. Non mi sento bene. Potrei parlare col dottore?
   ≈ Mi dispiace, il dottore è già andato via. L'orario delle visite è dalle 16 alle 18.
3. ~ Accidenti, sono già finite.
   ≈ Prendi una delle mie. Quando vado a fare la spesa passo anche dal tabaccaio.
4. ~ Da quando sono qui fumo pochissimo. E Lei?
   ≈ Io sono qui per la prima volta oggi. Ho molta fiducia in questa psicoterapia di gruppo.

WORKSHEETS

LEZIONE 2

A3 1 CITTÀ D'EUROPA[1]

Fill in the names of the towns. The filled-in squares will give the answer for number 7.

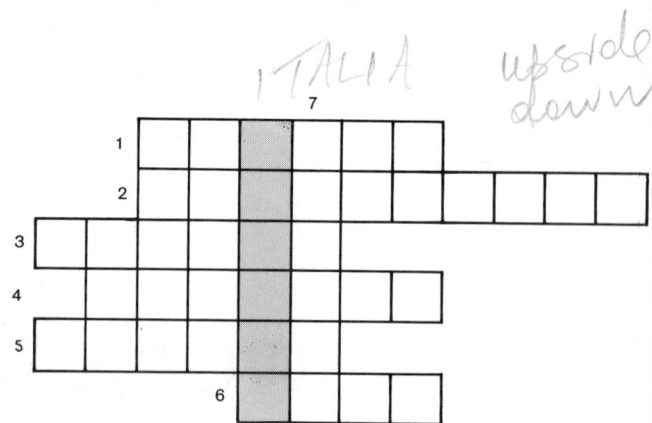

ITALIA   upside down

1. Città in Svizzera
2.   in Inghilterra
3.   in Francia
4.   in Irlanda
5.   in Austria
6.   in Italia
7.   ?

_____

[1]European towns

A3 2 DOV'È CARLOS?

Use the map to help you answer the questions.

1. Dov'è Carlos? **È in Spagna, a Lugo.**

2. Dov'è Zug? _____

3. Dove abita Jacqueline? _____

4. E Gertrud? _____

5. Dov'è Celle? _____

6. Dov'è Angelo? _____

7. Dov'è Jutta? _____

8. Dov'è Klagenfurt? _____

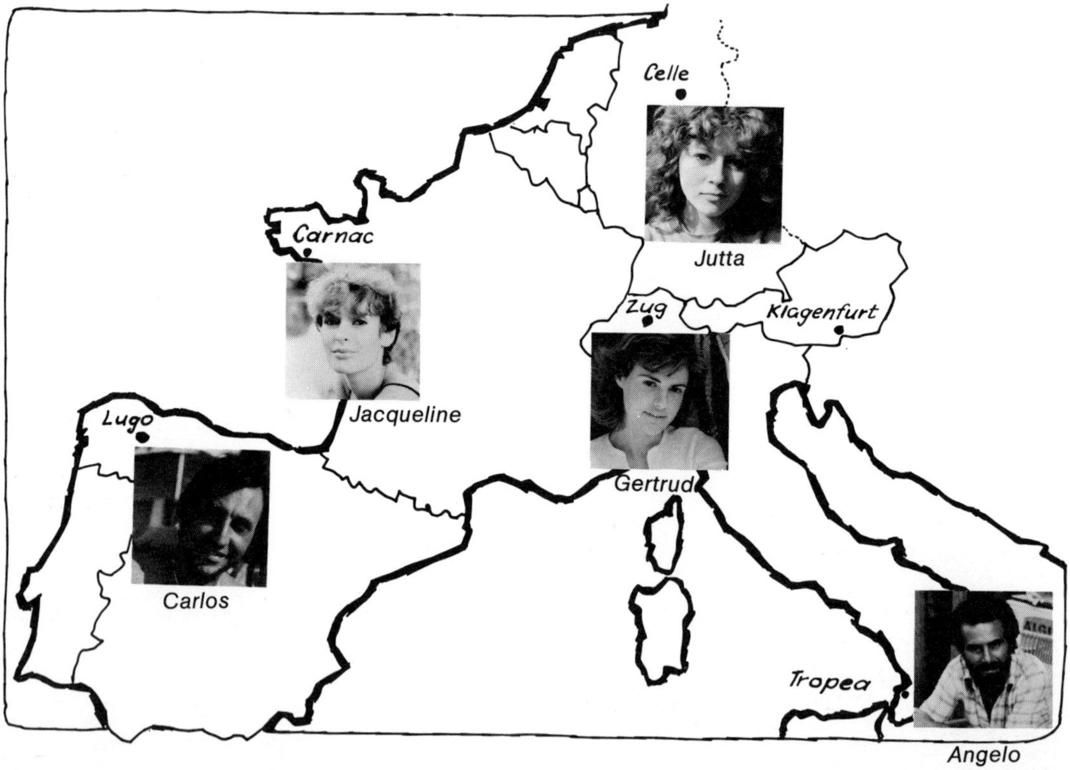

Celle

Carnac

Jutta

Zug   Klagenfurt

Jacqueline

Gertrud

Lugo

Carlos

Tropea

Angelo

A5 3 AL CAMPEGGIO

On an Italian campsite you meet some other Europeans.

1. Jacqueline Dupré
2. Angelo Fantozzi
3. Jutta Wegemann
4. Gertrud Stähli
5. Carlos Fuente
6. Fred Smith

(D)	(F)	(I)	(GB)	(CH)	(E)
Amburgo	Carnac	Savona	Oxford	Zug	Madrid

They introduce themselves. Take their parts (as in the example) and introduce yourself as each one.

1. Mi chiamo Jacqueline, sono francese, di Carnac.

2. _____

3. _____

4. _____

5. _____

6. _____

7. _____

A5 4 BUONGIORNO! ABITA QUI...?

The postman rings. A woman opens the door.
Read the dialogue that follows and tick the correct column for the article you would use where there is a question mark.

	il	la	l'	no art.

1. ~ Buongiorno, ? signora.
2. ≈ Buongiorno.
3. ~ Abita qui ? signor Frank?
4. ≈ Sì.
5. ~ Anche ? signorina Hügli, vero?
6. ≈ Sì.
7. ~ E di dov'è?
8. ≈ Chi? ? signorina Hügli o
    ? signor Frank?
9. ~ ? signorina Hügli.
10. ≈ È svizzera e ? signor Frank è tedesco.
11. ~ E Lei, ? signora, di dov'è Lei?
12. ≈ Sono spagnola, di Madrid, ma adesso abito a Barcellona.
13. ~ È qui in vacanza?
14. ≈ Sì, ma anche per imparare ? italiano.
15. ~ E come si chiama, scusi?
16. ≈ Molina, Carmen Molina.
17. ~ Carmen Molina? Allora questo è per Lei!
    Arrivederci, ? signora Molina.

A5 5 ANGELO È ITALIANO, VERO?

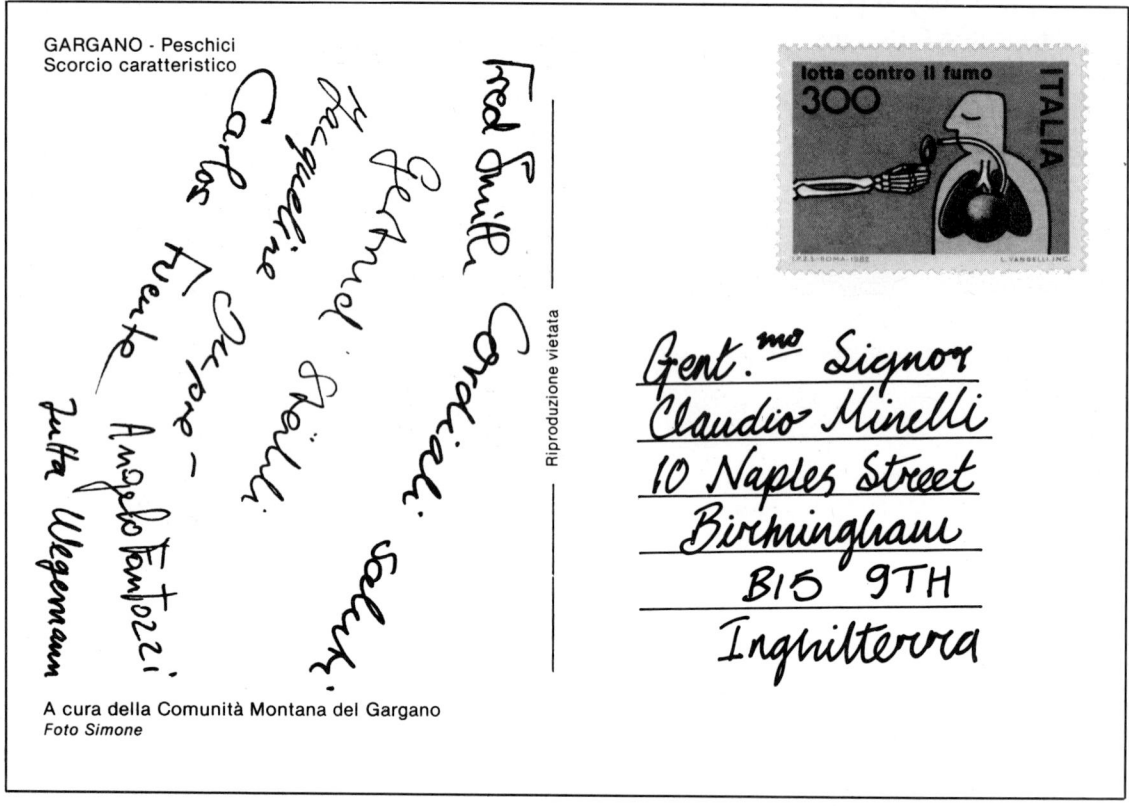

You have sent your Italian teacher a postcard with the names of your new friends on it.
On your return he asks you about it.
Answer his questions.

1. Angelo è italiano, vero?   ~ _____

2. Di dove?   ~ _____

3. E Carlos?   ~ _____

4. Jutta è tedesca?   ~ _____

5. Anche Gertrud?   ~ _____

6. E Jacqueline, di dov'è?   ~ _____

A5 6 COME MAI FRANCO È A MONACO?

Use the pictures to help you complete the sentences.

 Monaco

 Parigi

 Oxford

 Napoli

 Franco

 Gertrud

 Jacqueline

 Fred

1. Franco è a Monaco per imparare _____

2. Gertrud _____

3. Jacqueline _____

4. Fred _____

B 7 IN CITTÀ

You meet an Italian in your town. Ask him suitable questions to fit with the answers given.

1. _____? – Sì, sono italiano.

2. _____? – Franco Tozzi.

3. _____? – Di Napoli.

4. _____? – Abito a Roma.

5. _____? – Sono qui per imparare il tedesco.

6. _____? – In Italia lavoro in banca.

B 8 IN TRENO

Peter, a student from Northampton, is on his way to Florence to improve his Italian. He meets Antonio from Rome, who works in a bank and who is a non-smoker.
Complete the conversation.

Peter: _____?

Antonio: Sì, è libero. Sei straniero?

Peter: _____.

Antonio: Di dove sei?

Peter: _____.

Antonio: Come ti chiami?

Peter: _____. E tu?

Antonio: _____. Che cosa fai in Italia?

Peter: _____

E tu, che cosa fai?

Antonio: _____.

Peter: Fumi?

Antonio: _____.

Peter: Questa è Firenze?

Antonio: _____. Ciao, Peter.

Peter: _____.

B 9 VERBI

In the squares around 'sono' nine other verbs are hidden. They run across, down or up. List them in the space provided.

S	C	S	T	A	O	N	A
E	G	R	S	O	N	O	B
I	L	A	V	O	R	O	I
A	A	B	T	U	L	A	T
M	Z	I	M	P	A	R	A
U	S	T	U	D	I	A	I
F	O	O	N	I	F	A	I

Sono
_____
_____
_____
_____
_____
_____

The remaining squares, running from left to right and top to bottom, spell another word. It is a message to you: _____

LEZIONE 3

A1 1 NUMERI
↓
A4

Write the numbers out. The correct answers spell out a compliment you would pay to a) a woman b) a man.

a)

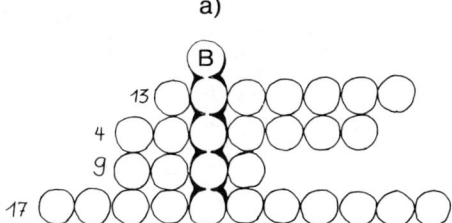

b)

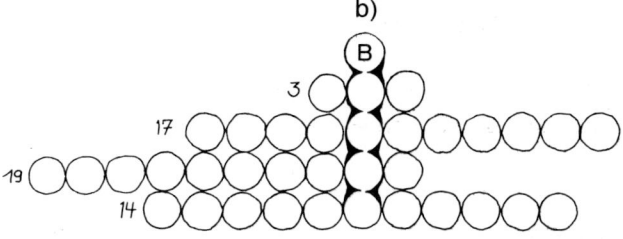

When you have written out the answers below, if you have got them right, you will find that (c) gives you the word for Italy's currency and (d) the Italian word for money.

c)

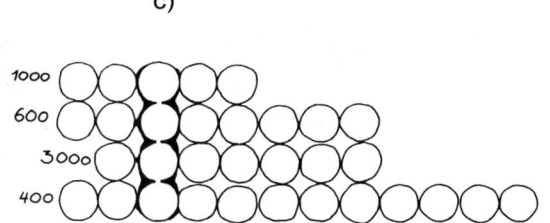

d)

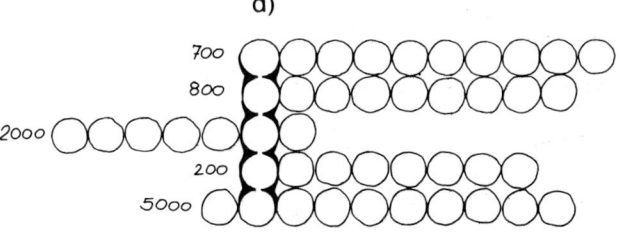

A1 2 ANDIAMO IN QUESTO BAR?
↓
A5 *You meet someone you have not seen for some time. He invites you for a drink in a bar. Choose the most likely answers.*

1. Andiamo in questo bar?

   a) Sì.
   b) No, grazie.
   c) Ho sete.

2. Prendiamo un caffè?

   a) No.
   b) Sì, volentieri.
   c) Anch'io.

3. Prende anche una pasta?

   a) Bene, subito.
   b) No, preferisco una birra.
   c) No, grazie.

4. Dove abita adesso?

   a) A Londra.
   b) Di Cardiff.
   c) Sono qui per lavoro.

A5   3   DOVE PREFERISCI ANDARE?

Complete the conversation by using the correct part of 'preferire' and the missing prepositions.

~ Stefano, _____ andare in vacanza _____

_____

o _____ _____ ?

≈ Io _____ andare

_____ _____

~ E Anna?

≈ Anna _____ andare

_____ _____

~ Noi invece[1] _____ andare

_____ _____

_____
[1]On the other hand

A1   4   GRUPPI DI PAROLE[2]
↓
B

In the following groups of words you will find one which does not fit in with the rest. Write the odd words out in the spaces provided.

1. Tè / spremuta / cioccolata / pasta   _____

2. Va bene. / D'accordo. / Sì, volentieri. / Un momento!   _____

3. Signora! / Cameriere! / Paolo! / Piacere!   _____

4. Toast / panino / pizza / ghiaccio   _____

5. Buonasera / ciao / arrivederci / allora   _____

_____
[2]Groups of words

B 5 CHE COSA DICONO?

LEZIONE 4

A1 1 SEGNI CONVENZIONALI[1]
↓
A2 *In an Italian brochure you find the following symbols. Explain them in Italian.*

_____

_____

_____

_____

_____

_____

[1]Symbols

A1 2 VERO O FALSO?
↓
A3

	Albergo La Barcarola Categoria II Camera No. 9 Letti 2	
	Camera	Pensione
Anno 1984		
LIRE	40.000	54.000
Prezzo tutto incluso		

	V	F
1. Questo non è un albergo di lusso.	☐	☐
2. Ha una sala da pranzo.	☐	☐
3. La camera è per una persona.	☐	☐
4. La camera costa 40.000 lire a persona.	☐	☐
5. Nel prezzo non è incluso il riscaldamento.	☐	☐

A1 3 A VERONA

↓
A3 *You go into a hotel in Verona and ask for a double room for four days (for you and your friends, who are coming later). Complete the dialogue.*

~ Buongiorno!

≈ _____ ✓ doppia/a due letti Vorrei

~ Va bene anche una camera matrimoniale?

≈ _____

~ Con bagno o senza?

≈ _____?

~ Con bagno costa 40.000 lire al giorno.

≈ _____

~ Ha un documento, per favore?

≈ _____

~ Grazie.

A1 4 TROVATE LA CITTÀ

↓
A4

Cat Class Kat	Località - Localités - Places - Localidades - Orte Hôtels - Pensioni - Pensions	🛏		🛏🛏	
		Min-Max	Min-Max	Min-Max	Min-Max
	B = bagno D = doccia		🛁 🚿		🛁 🚿
II	PINOLO [17–34] B 2, D 15 ☎ 9272747	–	– 27.000–30.000	–	– 39.500–43.500
III	BALESTRIERI [19–36] B 2, D 17 ☎ 9273747	–	– 20.000	23.000	30.000
III	DELLA ROCCA [14–23] B 2, D 9 ☎ 9273286 (Località Monte Ingino)	15.000	– –	25.000	30.000

To which hotels do these statements refer?

Ⓑ Non ha camere a due letti senza bagno o doccia.   *Pinolo.*
Ⓖ Ha diciassette camere con doccia.   *Bales'*
Ⓘ Non ha camere a un letto con bagno o doccia.   *Della Rocca,*
Ⓤ Una camera a due letti senza bagno costa ventitremila lire. *B*
Ⓑ Il numero di telefono è novecentoventisette-ventisette-quarantasette. *Pi*
Ⓞ Una camera singola senza bagno costa quindicimila lire.

Decide which statement belongs to which hotel, then write the letters in the boxes. This will give the name of the town where the hotels are.

Albergo BALESTRIERI [G] [U]   Albergo PINOLO [B] [B]   Albergo DELLA ROCCA [I] [O]

A2 5 GLI AMICI DI FRANCO
↓
A5

a) *Franco gets to know some people. He asks about where they come from.*
Complete the dialogue with the correct forms of 'essere'.

– Sergio, di dove _____? – _____ di Roma.

– E voi, di dove _____? – Carlo ed io _____ di Bologna,

Pietro invece _____ di Modena.

b) *Franco has invited his new friends to his house. Complete the conversation with the correct forms of 'avere'.*

Come mai Pietro non _____ sete?

A5 6 UNA CARTOLINA

Complete the letter. Take care that the adjectives agree with the nouns.

Caro Sergio,

_____ è una città molto _____ (bello)

Anche _____ dove abito è _____ (bello)

e non è _____ (caro). È in un posto _____ , (tranquillo)

(ideale) _____ per una vacanza.

Mi piace stare qui!

Ciao Elisabella

B 7 UN APPARTAMENTO

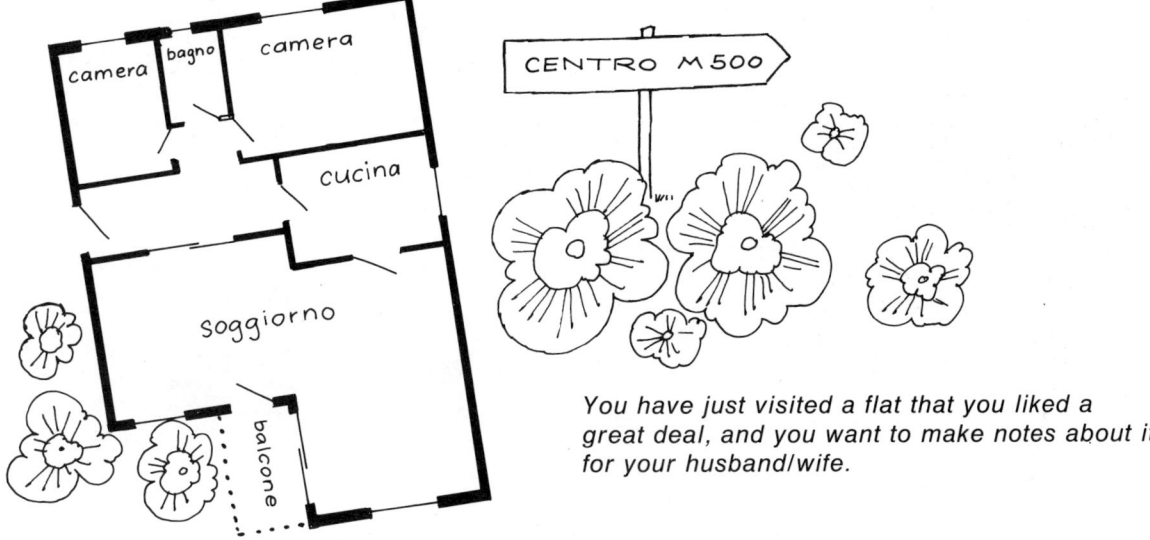

You have just visited a flat that you liked a great deal, and you want to make notes about it for your husband/wife.

Complete with: grande, piccolo, vicino a, tranquillo.

L'appartamento ha una camera _____, una camera _____

e un _____ soggiorno con balcone. La cucina è

abbastanza _____, il bagno invece[1] è _____. L'appartamento è

_____ centro, il posto però è _____.

_____

[1]On the other hand

B 8 UNA PRENOTAZIONE[2]

Pensione Villa Fiorita
Via Ceccarini 23

I-47037 Rimini

Gentili Signori[3]
vorrei prenotare una camera doppia con bagno dal 15 al 31 luglio,
con mezza[4] pensione. Quanto costa al giorno a persona?

In attesa della Vostra risposta[5]

Cordiali Saluti *Susan McDonald*

_____

[2]Booking   [3]Dear Sirs   [4]Half   [5]Awaiting your reply

Rewrite the letter including the following:
Double room with bath and small bed for a child
Full board (pensione completa) from 10 to 30 June
Price per day per person?

LEZIONE 5

A1   1   CRUCIVERBA ILLUSTRATO

A1 2 ROMPICAPO[1]

↓

A3 *Sort out the following statements using the map, then fill in the blanks below.*

- In via Cremona c'è un ristorante.
- La terza strada a destra è via Cremona.
- La seconda strada a sinistra è via Mantova.
- Di fronte alla chiesa di San Francesco c'è il cinema Lux.
- Il numero 2 è una chiesa.
- La fermata dell'autobus è in via Verdi, la seconda strada a destra.
- Il numero 5 non è il teatro Manzoni.
- In via Vico c'è l'ufficio postale.

_____

[1]Brain teaser

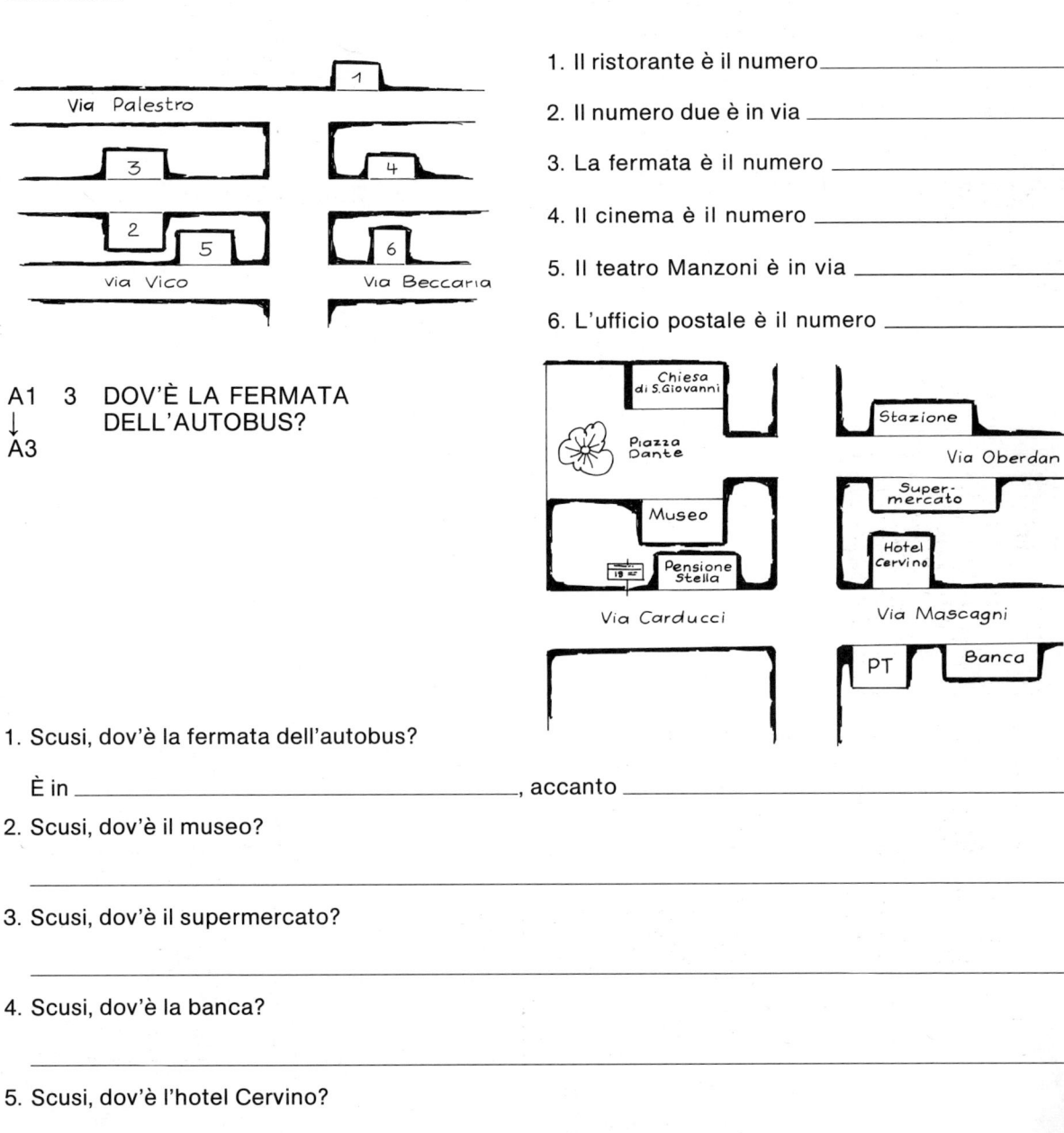

1. Il ristorante è il numero _____

2. Il numero due è in via _____

3. La fermata è il numero _____

4. Il cinema è il numero _____

5. Il teatro Manzoni è in via _____

6. L'ufficio postale è il numero _____

A1 3 DOV'È LA FERMATA DELL'AUTOBUS?

↓

A3

1. Scusi, dov'è la fermata dell'autobus?

   È in _____, accanto _____

2. Scusi, dov'è il museo?

   _____

3. Scusi, dov'è il supermercato?

   _____

4. Scusi, dov'è la banca?

   _____

5. Scusi, dov'è l'hotel Cervino?

   _____

A4 4 OGGI VADO AL MUSEO

You are in Italy on a language course with Jeanne, who is French. Today you have something special planned and you leave Jeanne a note. You are still unsure about prepositions and when you are unsure you leave a question mark. Now read the note again and decide if you should just cross out each question mark or insert a preposition.

Cara Jeanne,
oggi non ho voglia ? venir al corso. Preferisco andare ? vedere il museo etrusco. Vorrei ? andare a piedi perché ho voglia ? camminare un po'. E poi mi piace ? stare fuori, in mezzo alla gente![1]
Adesso devo ? andare perché è abbastanza lontano e stasera desidero ? andare anche al cinema.
Hai voglia ? venire?   A stasera   Karen.

[1] Among people

A5 5 DOVE ABITA ANGELA?

Angela torna dal lavoro. Adesso è di fronte alla stazione. Per andare a casa prende la prima strada a destra, continua dritto fino alla piazza, poi gira a sinistra e poi ancora a destra. La sua[1] casa è la seconda a sinistra. Qual è l'indirizzo[2] di Angela?

[1] Her   [2] Address

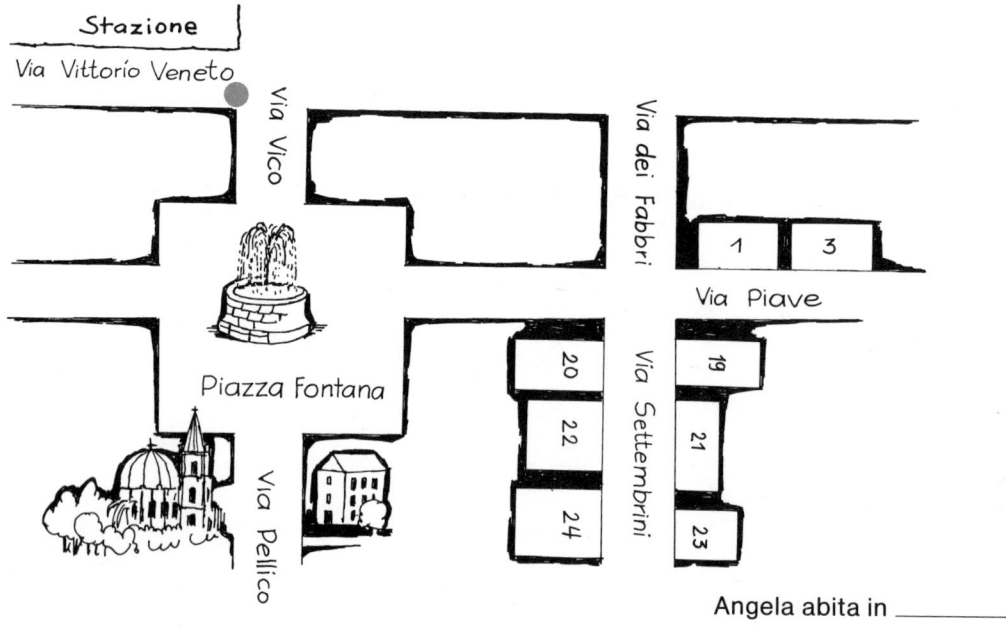

Angela abita in _____

_____

A5 6 SEGNALI STRADALI[1]

Lei è in macchina. Che cosa fa?
Tick the correct answer.

1.

2.

3.

a) Continua dritto.
b) Cerca un parcheggio e continua a piedi.
c) Torna a casa.

a) Scende e prende l'autobus.
b) Gira a destra o a sinistra.
c) Continua sempre dritto.

a) Va dritto.
b) Gira a destra.
c) Va a piedi.

_____
[1]Road signs

A5 7 C'È O È?

Completate.

1. In piazza Mazzini _____ il teatro comunale.

2. Il museo etrusco _____ in via Porsenna.

3. Di fronte al museo _____ una farmacia.

4. La banca _____ accanto all'ufficio postale.

5. _____ un albergo qui vicino? – Sì, _____ l'hotel Fani,

_____ in piazza Garibaldi.

6. Scusi, _____ un tram o un autobus per la stazione?

   – Sì, _____ l'autobus. La fermata _____ qui di fronte.

LEZIONE 6

A2 1 CRUCIVERBA ILLUSTRATO

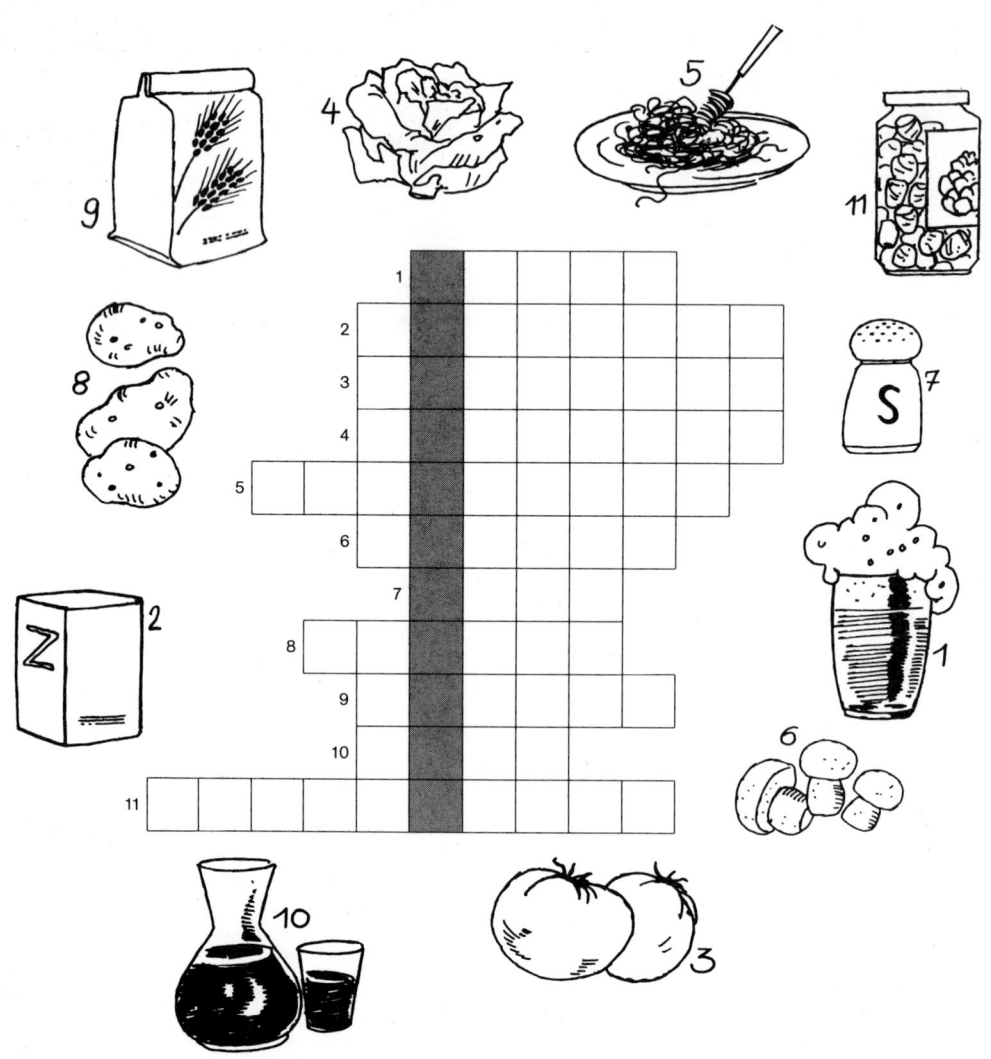

The marked squares give an Italian word for 'tasty'.

A2 2 PRIMA E DOPO[1]

———————

[1]Before and after

Some things are missing from the cupboard on the right. Have a good look.

Che cosa manca?

Manca il sale, _____

Mancano _____

_____

A3 3 IN SALUMERIA

Complete the dialogue using the assistant's answers given below. Take care over the order.

~ Quanto costa il prosciutto?

≈ _____

~ Crudo.

≈ _____

~ Bene, due etti. E un etto di carciofini, se non sono troppo cari però.

≈ _____

~ Ma sono buoni?

≈ _____

~ Allora, va bene. Quant'è?

≈ _____

~ Ecco diecimila lire.

≈ _____

~ Grazie, arrivederci.

≈ _____

– No, signora, costano 2000 lire l'etto.
– Grazie, duemilaquattrocento a Lei.
– In tutto, settemilaseicento lire.
– 2800 lire l'etto; ma è buono.
– Cotto o crudo?
– Arrivederci.
– Non buoni, buonissimi.

A3 4 DOVE FA LA SPESA LA SIGNORA GINA?

↓

A6 *Mrs. Gina is out shopping. She must buy meat, ham, cheese, fruit and vegetables.*
Fill in the spaces with suitable expressions.

La signora Gina è _____ mercato.

Qui compra _____ e _____ .

Poi va _____ macellaio a

comprare _____ ,

e poi _____ salumeria; compra

_____ e _____ .

Adesso manca solo _____ ;

va _____ panetteria e poi torna _____ casa.

B1 5 MARIA E ANTONIO FANNO LA SPESA

Complete the text with the correct form of the verb in brackets.

Maria e Antonio _____ (preferire) i prodotti freschi, perciò _____

(andare) a fare la spesa tutti i giorni. _____ (comprare) molto al mercato

perché così _____ (risparmiare). Lì infatti la frutta e la verdura _____

(costare) meno. Maria e Antonio _____ (andare) sempre a piedi perché

non _____ (abitare) lontano. Per tornare invece _____

(prendere) l'autobus perché non _____ (avere) voglia di camminare con le borse

piene[1].

---

[1]Full shopping bags

LEZIONE 7

B 1 LA FIGLIA NON VUOLE

Ho due figli[1], uno è sposato e vive in Sudamerica, l'altra, di 20 anni, è in casa. Dico „in casa" ma è un modo di dire[2] perché lei fa la sua vita, mi lascia sempre sola, va con gli amici, così dopo la morte di mio marito nella mia vita c'è stata molta solitudine. Poco tempo fa ho conosciuto un uomo bravo e onesto[3] ed ora ho la possibilità di risposarmi[4], ma mia figlia non vuole. Non vuole un altro uomo in casa perché non vuole un altro papà.
Sono molto triste e non so cosa fare.

Tua figlia ha vent'anni, non è una bambina, e non ha bisogno di[5] un altro papà. Infatti[6], com'è giusto, vive la sua vita. Ma anche tu devi essere libera di vivere la tua vita. Perché rimanere sola per l'egoismo dei figli?
Devi parlare ancora con tua figlia, con affetto ma apertamente[7]. E lei deve capire.

---

[1]Children   [2]Manner of speaking   [3]Good and honest   [4]Remarry   [5]Doesn't need   [6]Actually
[7]Openly

a) *Vero o falso?*

	V	F
1. La signora abita con due figli.	☐	☐
2. La figlia non sta molto tempo in casa.	☐	☐
3. Dopo la morte del marito la signora è stata molto sola.	☐	☐
4. Ora desidera sposare un uomo che è papà.	☐	☐
5. La figlia non vuole rimanere sola.	☐	☐

b) *Complete*

Mia figlia mi lascia sempre _____.

Dopo la morte di mio marito, nella

mia vita _____ molta solitudine.

Adesso ho _____ di sposare un

uomo bravo e onesto, ma mia figlia non _____.

Tua figlia _____ vent'anni, non è una bambina,

e non ha bisogno di un altro papà. Infatti vive

_____ vita. Ma anche tu devi essere libera

_____ la tua vita! _____ parlare

ancora con tua figlia.

LEZIONE 8

A1 1 CHE ORE SONO?

1. Sono le undici e dieci.
2. Sono le due e mezza.
3. È l'una e venticinque.
4. Sono le sei e un quarto.
5. Sono le quattro e trenta-cinque.
6. Sono le sei meno un quarto.

Match the letter to the numbers.

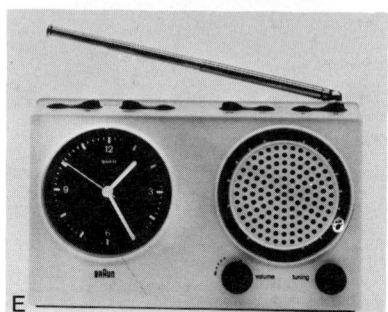

A1 2 OROLOGI[1]

Complete the clock faces.

1. È l'una e un quarto.
2. Sono le dieci meno dieci.
3. È mezzogiorno e cinque.
4. Sono le otto e venti.
5. Sono le cinque meno venti.
6. È mezzanotte e venticinque.

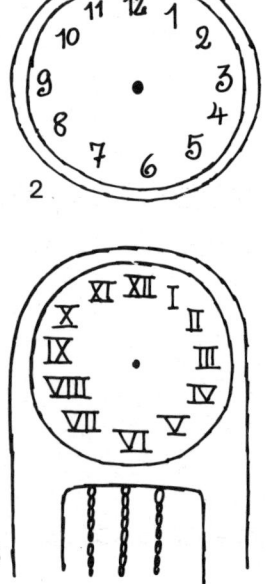

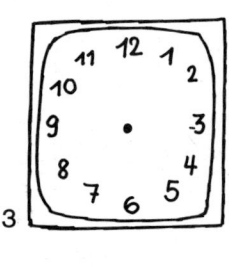

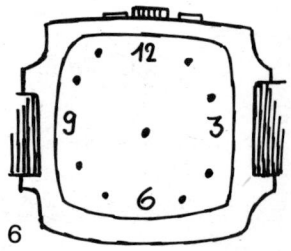

[1]Clocks

A1 3 ORARI DI LAVORO[1]

A2

ESATTORIA COMUNALE

ORARIO PER IL PUBBLICO

LUNEDI-MARTEDI-GIOVEDI-VENERDI dalle ore 8.30
alle ore 12.30

L'UFFICIO RIMARRÀ APERTO ANCHE IL MERCOLEDI
ED IL SABATO NEI PERIODI DAL 10 AL 21 DEI MESI
DI SCADENZA DELLE RATE ED IN COINCIDENZA
DELL'ULTIMO GIORNO UTILE PER IL PAGAMENTO
DEI VERSAMENTI DIRETTI
GIORNI SEMIFESTIVI ore 8.30-11.00

Io lavoro in comune[2]. Comincio alle _____ e finisco alle ___

BANCA TOSCANA

ORARIO DI CASSA

Giorni feriali:	dalle ore 8,20 alle ore 13,20
	dalle ore 14,45 alle ore 15,45*
(Venerdì:	dalle ore 14,35 alle ore 15,35)*
Giorni semifestivi:	dalle ore 8,20 alle ore 11,20

Il sabato la banca resta chiusa

* Durante l'apertura pomeridiana non vengono effettuati i seguenti servizi:
– cassa cambiali – incasso utenze – cassette di sicurezza

[1]Hours of work   [2]Town hall

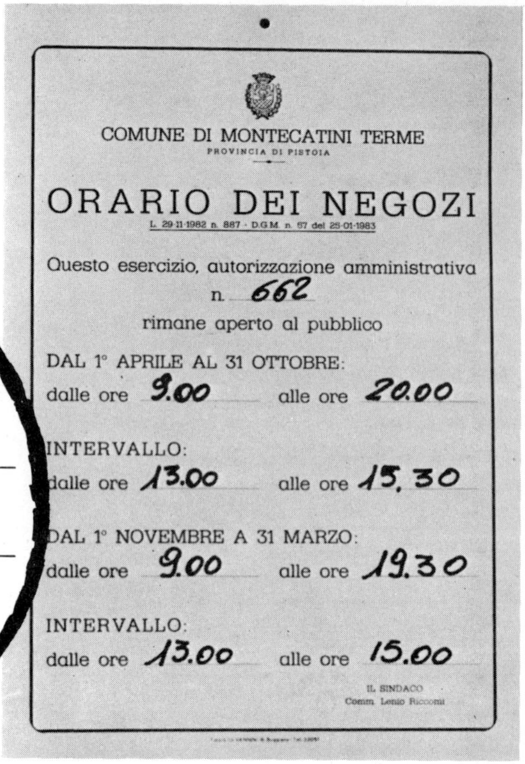

COMUNE DI MONTECATINI TERME
PROVINCIA DI PISTOIA

ORARIO DEI NEGOZI

L. 29-11-1982 n. 887 - D.G.M. n. 57 del 25-01-1983

Questo esercizio, autorizzazione amministrativa

n. 662

rimane aperto al pubblico

DAL 1° APRILE AL 31 OTTOBRE:

dalle ore 9.00   alle ore 20.00

INTERVALLO:

dalle ore 13.00   alle ore 15.30

DAL 1° NOVEMBRE A 31 MARZO:

dalle ore 9.00   alle ore 19.30

INTERVALLO:

dalle ore 13.00   alle ore 15.00

IL SINDACO
Comm. Lenzo Riccomi

Io vado a scuola.[3]

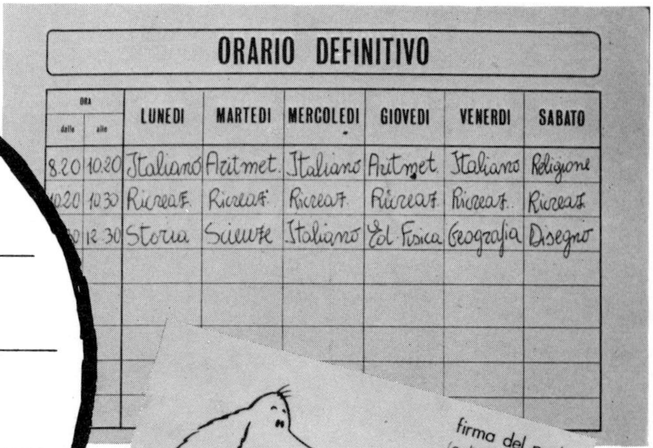

ORARIO DEFINITIVO

ORA dalle	alle	LUNEDI	MARTEDI	MERCOLEDI	GIOVEDI	VENERDI	SABATO
8.20	10.20	Italiano	Aritmet.	Italiano	Aritmet.	Italiano	Religione
10.20	10.30	Ricrea.F	Ricrea.F	Ricrea.F	Ricrea.F	Ricrea.F	Ricrea.F
10.30	12.30	Storia	Scienze	Italiano	Ed. Fisica	Geografia	Disegno

firma del padre
(o di chi ne fa le veci)

firma del preside

1983
1984

diario
till
cioppi misterdog

di Luca Fedi

classe 4ª Elementare

scuola Via Erbosa 96

---
[3]School

A2   4   LA TELEVISIONE PIACE A TANTI...
↓
A3

F: Pronto, Daniela, sei tu? Sono Franca.
D: Ciao, Franca, come stai?
F: Bene, grazie. Che cosa fai stasera?
D: Guardo la televisione.
F: Anch'io. Tu che cosa guardi?
D: Il primo canale[1]. Alle otto e mezzo c'è un film con Dustin Hoffmann, Tootsie.
F: Io preferisco la musica. Sul secondo canale, alle nove e un quarto, c'è un concerto jazz. Alle dieci e dieci poi c'è un' intervista con Milva.
D: Lo so, ma purtroppo quando finisce il film mio marito vuole vedere la Coppa del Mondo; comincia alle dieci e venti.
F: Anche mio figlio[2] è rimasto a casa stasera per vedere lo sport; per fortuna[3] noi abbiamo due televisori[4]!
D: Insomma anche stasera non andiamo a letto prima di mezzanotte.
F: Eh sì, la televisione è proprio una brutta cosa.
D: Scusa, ma adesso finisco perché comincia il film. Ti telefono io domani.
F: Va bene. Ciao.

_____

[1]Channel one   [2]Son   [3]Fortunately   [4]Televisions

a) *From the above conversation write out the evening's television programmes with times.*

TV1 rai	
ore	programma
_____	_____
_____	_____
_____	_____
_____	_____

TV2 rai	
ore	programma
_____	_____
_____	_____
_____	_____
_____	_____

b) *Vero o falso?*   V   F

1. Daniela non vuole guardare la televisione stasera.   ☐   ☐

2. A Franca piace la musica jazz.   ☐   ☐

3. Daniela non può vedere l'intervista con Milva.   ☐   ☐

4. Franca e suo figlio guardano insieme la televisione.   ☐   ☐

5. Le due famiglie vanno a letto tardi.   ☐   ☐

A2   5   CARLA

↓

A3

Complete the sentences using: mia, la sua, una mia, mio, sua, mio, il suo.

Questa è Carla, _____ collega. Ha cominciato a lavorare nel _____

reparto[1] un anno fa ed abbiamo fatto subito amicizia.

Spesso[2] viene a casa _____ o io vado a casa _____.

La domenica usciamo[3] in quattro: lei, _____ ragazzo, _____ marito ed io.

Domenica prossima[4] vogliamo andare a Piacenza a trovare _____ famiglia.

_____

[1]Department   [2]Often   [3]Go out   [4]Next Sunday

A3   6   LA MIA SETTIMANA

For next week you have arranged the following activities. Write them in Italian in your new timetable.

Mon. 19.00 Concert, Thur. 9.00 Italian class, Tues. 10.00 Tennis, Sat. 14.00 at Roberto's
Wed. 17.30 Cinema, Fri. 21.00 Theatre, Sun. 9.00 Cross country.

Ore	Lunedì	Martedì	Mercoledì	Giovedì	Venerdì	Sabato	Domenica
9							

A4 7 CARLO RACCONTA

Complete the text with the verbs in the 'Passato prossimo'.

Ieri sera _____ a una festa.   essere

_____ da un mio amico che ha una bella casa,   andare

fuori città. La mia ragazza, Ines, non _____ :   venire

_____ andare al cinema. Alla festa _____   preferire/conoscere

molte persone. Alle 21 poi _____   arrivare

due ragazze austriache molto simpatiche.

Io parlo un po' il tedesco e così _____ subito amicizia.   fare

A mezzanotte _____ tutti in cucina e _____   andare/fare

una bella spaghettata.[1] Poi le due ragazze austriache ed io

_____ a chiacchierare[2] ancora un po'.   rimanere

Alle tre _____ a casa   accompagnare

le ragazze e _____ a casa.   tornare

_____
[1]Spaghetti meal   [2]To chat

A5 8 UNA LETTERA

↓
A7 *Write the same letter to Mr Albertosi.*

Caro Franco,   Gentile signor Albertosi,

scusa se non ti ho scritto   _____
prima[3], ma sono appena tor-
nato dalla Francia.   _____

Ti ringrazio per la tua cartolina   _____
da Parigi.
                                    _____
Allora sei stato in Francia anche tu!
                                    _____
Ti devo raccontare molte cose
di questo viaggio[4].   _____

Ti posso invitare a casa mia una   _____
di queste sere?
                                    _____
Così ti faccio conoscere anche
mia moglie.   _____

Se vuoi, ti vengo a prendere con   _____
la macchina.
                                    _____
Saluti cordiali

[3]Before   [4]Trip

LEZIONE 9

A7 1 UN'INTERVISTA

Complete the dialogue.

~ Che lavoro fa, signora?

Say that you are a nurse.

≈ _____

~ Le piace il suo lavoro?

You answer that your work is very hard but that you enjoy it.

≈ _____

~ A che ora si alza la mattina?

You say that you get up at 5.30 because you start work at 7.00.

≈ _____

~ Chi si occupa dei bambini la mattina?

You say your husband looks after the children. He wakes them, makes breakfast and takes them to school.

≈ _____

_____

_____

~ È contenta della sua vita?

You say that your life is not easy. You and your husband are always tired and sometimes you argue, but that happens in all families.

≈ _____

_____

_____

_____

A5→A7 2 VERBI

Complete the puzzle using the present tense of:
giocare, pagare, cercare, conoscere, leggere, vincere (to win).
There are two forms of each verb.

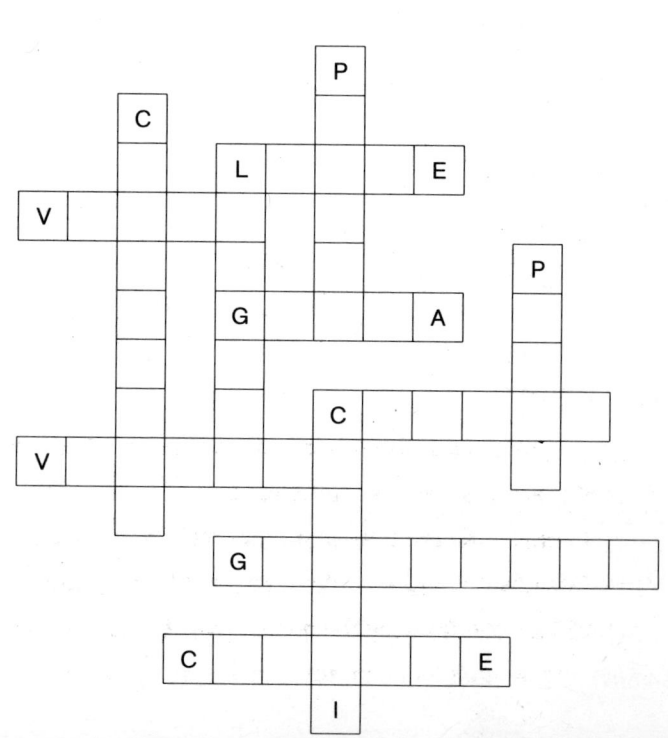

La famiglia italiana?
Ha casa e spende
più di 1 milione al mese

Moglie, marito, uno o due figli. Possiedono[1] la casa dove abitano e vivono in media con un milione e 310 mila lire al mese. Spendono la metà[2] dello stipendio per la casa e l'alimentazione[3]. Le famiglie che stanno al Nord guadagnano il 34 % in più delle famiglie del Sud. Nel 50 % delle famiglie c'è una sola persona che lavora, ma in 30 famiglie su cento sono in due a guadagnare. Questa è la famiglia italiana nel 1982. La famiglia ha ancora oggi un ruolo molto importante nella vita economica italiana. È la famiglia infatti che decide[4] quanto spendere, quanto risparmiare, quanto lavorare.

QUANTO GUADAGNA UNA FAMIGLIA

NORD 1,4

CENTRO 1,3

(IN MILIONI)   SUD 1,1

ITALIA 1,3 ('82)

_____

[1]Own   [2]Half   [3]Food   [4]Decides

Vero o falso?

	V	F
1. Nelle famiglie italiane ci sono in media uno o due bambini.	☐	☐
2. Molte famiglie italiane hanno la casa.	☐	☐
3. Le famiglie italiane spendono meno di un milione al mese.	☐	☐
4. Le famiglie italiane spendono poco per mangiare.	☐	☐
5. Nel 50% delle famiglie italiane ci sono due persone che lavorano.	☐	☐
6. In Italia la famiglia ha un ruolo molto importante.	☐	☐

LEZIONE 10

A1 1 UN'INFORMAZIONE

Complete the dialogue with the correct verb forms and follow the route on the sketch. Where are the young people going?

~ Scusi, signore, per andare . . .

≈ Siete a piedi o in macchina?

~ Siamo in macchina.

≈ Allora, _____ (girare) qui a destra e _____ (continuare) sempre dritto, poi

_____ (prendere) la terza strada a sinistra. Dopo cento metri _____ (scendere)

dalla macchina perché dovete continuare a piedi. _____ (mettere) la macchina al

parcheggio che c'è a sinistra e _____ (andare) ancora dritto. Dopo pochi metri, in

alto[1], vedete . . .

_____

[1]Above

A2 2 I CONSIGLI DI UN AMICO

Complete the dialogue with the correct form of the verbs.

~ Quest'anno non so dove andare. Non ho voglia di tornare a Rimini.

≈ Allora _____ posto! _____ a Taormina. È bellissima. | cambiare/andare

~ Ma non voglio fare un viaggio così lungo[1] in macchina.

≈ Se non vuoi andare in macchina, _____ l'aereo. | prendere

~ È vero. Poi posso noleggiare una macchina a Taormina.

≈ _____ una bicicletta, è più divertente! | noleggiare

~ Va bene. E per l'alloggio[2] come faccio?

≈ _____ una camera all'hotel Timeo e _____ la | prenotare/prendere

pensione completa; la cucina, lì, è buonissima. _____ | telefonare

subito e _____ di parlare con il direttore, che è un mio amico, | chiedere

così sei sicuro[3] di avere una camera.

~ Grazie, sei molto gentile.

≈ Un'altra cosa. Prima di partire[4], _____ qualcosa su Taormina | leggere

così quando arrivi sai già che cosa c'è da vedere.

_____
[1]Long   [2]Accommodation   [3]Sure   [4]Before you go

A1 3 LA RISPOSTA GIUSTA
↓
A2 *Complete the sentences, choosing the correct form of the verbs.*

1. Se andate fuori, non _____ a casa troppo tardi.

torna
tornare
tornate

2. Se domani vai alla festa del tuo amico non _____ troppo.

mangia
mangiare
mangiate

3. Se hai bisogno di pace, _____ a Taormina.

va'
andare
andate

4. Se vai in Sardegna, _____ per tempo.

prenota
prenotare
prenotate

5. Se guardate ancora la televisione, non _____ a letto troppo tardi.

va'
andare
andate

6. Se vuoi viaggiare tranquillamente, _____ il treno.

prendere
prendi
prendete

7. Se sei stanco, _____ un bagno caldo.

fa'
fare
fate

8. Se ami la natura, non _____ rifiuti nei prati.

lasci
lasciare
lasciate

A6 4 'DA', 'FA' O 'FRA'?

a) *Fill in the gaps.*

Viareggio 13/8/84

Cara Barbara,

mi trovo in Italia già —— tre settimane, ma solo due giorni —— ho avuto il tuo nuovo indirizzo dai tuoi genitori. Come stai? Io sto benissimo! —— quasi una settimana sono a Viareggio; faccio tanti bagni e sono già abbronzata[1]. Il tempo è bellissimo e fa molto caldo. Tre giorni ——, in spiaggia ho conosciuto una ragazza molto simpatica. Si chiama Martina e studia il tedesco —— un anno. Così parliamo un po' tedesco e un po' italiano. —— due o tre giorni vogliamo andare insieme a Firenze a vedere gli Uffizi. Ti ricordi[2] che ci siamo conosciute proprio agli Uffizi? Sai —— quanto tempo non ci vediamo? —— 2 anni. Come passa[3] il tempo! Perché non mi vieni a trovare qui a Viareggio? Io ritorno in Germania solo —— 10 giorni. Adesso ti saluto perché —— un quarto d'ora il tabaccaio chiude[4] e devo ancora comprare il francobollo. Ciao Brigitte

---

[1]Brown   [2]Do you remember   [3]Spend   [4]The tobacconist closes

b) *Vero o falso?*

	V	F
1. Brigitte è in Italia da una settimana.	☐	☐
2. Barbara abita con i suoi genitori.	☐	☐
3. A Viareggio c'è il sole e fa caldo.	☐	☐
4. Al mare Brigitte ha conosciuto una ragazza tedesca.	☐	☐
5. Due giorni fa Brigitte e Martina sono state a Firenze.	☐	☐
6. Brigitte e Barbara si conoscono da 4 anni.	☐	☐
7. Brigitte resta al mare ancora 10 giorni.	☐	☐

B 5 IDEE DIVERSE

Put the dialogue in the right order.

a) Dove andiamo in vacanza quest'anno? **1**

b) Ma come! Non andiamo in vacanza in luglio? _9_

g) È vero, ma il viaggio è faticoso, bisogna stare un giorno in nave.[2] _6_

c) Ci sono dei posti tranquilli anche al mare. In Sardegna per esempio. _5_

h) Quest'anno andiamo in montagna. _2_

d) Ma siamo stati in montagna anche l'anno scorso[1]. _3_

i) Sì, ma io ho bisogno di riposo[3] e al mare c'è sempre tanta gente. _4_

e) Possiamo prendere l'aereo. Ti va l'idea? _7_

j) Mah, vediamo, da qui ad agosto c'è ancora tanto tempo. _8_

f) Allora è meglio andare in montagna perché in agosto al mare c'è veramente troppa gente. _11_

k) No, quest'anno devo prendere le ferie in agosto. _10_

---

[1]Last [2]Ship [3]Rest

B 6 PRENOTARE UNA CAMERA

CO.AL.CE

CO.AL.CE
Commissionaria
Albergatori
Cervere
I-48015 Cervia
Piazza A. Costa, 13

Siamo una famiglia di quattro persone e cerchiamo una pensione di terza categoria a Milano Marittima per il mese di luglio. La desideriamo vicino al mare, con un po' di verde intorno[4] e con posto per il cane. Abbiamo bisogno di due camere doppie con servizi privati e di un posto per la macchina. Se possibile[5], preferiamo una camera con telefono. Per favore, inviateci[6] gli indirizzi degli alberghi ancora liberi che possono andar bene per noi. In attesa[7] di Vostre informazioni, Vi ringraziamo ed inviamo

Cordiali Saluti *John + Mary Smith*

---

[4]Around [5]Possible [6]Send us [7]Awaiting

a) *Which of the hotels below would suit the Smith family?*

SPIEGAZIONE DEI SIMBOLI
ZEICHENERKLÄRUNG
EXPLIQUATION DES SIGNES
EXPLANATION OF SYMBOLS

 N. — Categoria / Kat. — Cat. / Class

 — Nr. letti / Betten — Lits / Beds

— Distanza dal mare / Mt. vom Strand entfernt / Distance de la mer / Distance from the sea-side

— Telefono / Telephon — Téléphon / Telephon

— Citofono / Haustelephon — Interphon / Intercom.

— Ascensore / Fahrstuhl — Ascenseur / Lift

— Bar / Bar — Bar / Bar

— Tavernetta / Tavernette — Tavernetta / Tavernetta

— Solarium / Solarium — Solarium / Solarium

— Giardino / Garten — Jardin / Garden

— Parcheggio / Autoparkplatz — Parking / Parking

— Piscina / Schwimmbad / Piscine / Swimming pool

— Riscaldamento / Zentralheizung / Chauffage / Heating

— Aria condizionata / Klimaanlage / Air climatisé / Air conditioning

— Tennis / Tennis — Tennis / Tennis court

— Servizi privati / Privatduschen / Douche et toilette privé / Private shower

— Si accettano i cani / Hunde sind im Hotel erlaubt / On accepte les chiens / Dogs allowed

— Spiaggia privata / Privatstrand / Plage privée / Private beach

— Sauna / Sauna — Sauna / Sauna

(43)
HOTEL
IDEAL
48016 MILANO MARITTIMA
VIALE E. TOTI 3
TEL. (0544) 992029

3ᵃ	70	150 m.	☎	(	↕
🍹			🔥	Ⓟ	
			39		

(27)
PENSIONE
SUISSE
48016 MILANO MARITTIMA
VIALE 2 GIUGNO 132
TEL. (0544) 991350

PENSIONE 3ᵃ	39	100 m.			
		(			
🍹					
	🔥	Ⓟ			
15	🐕				

(29)
HOTEL
VELA
48016 MILANO MARITTIMA
VIALE 2 GIUGNO 130
TEL. (0544) 991327

3ᵃ	83	100 m.	☎	(	↕
🍹			🔥	Ⓟ	
⚓			42	🐕	

b) *Now write a letter to the hotel and book two double rooms with a bathroom from 3 July until 21 July (dal . . . al . . .). Mention that you also require parking space for your car.*

LEZIONE 11

1   ALLA STAZIONE DI FIRENZE

It is 7.30 in the morning. You are at the station in Florence and want to go to Siena for the day. You ask for information.
Put the parts of the conversation in the right order.

Sì, signora.

Alle 8.05.

Alle 18.07 o, più tardi, alle 19.32.

A che ora parte il prossimo treno per Siena?

Grazie, arrivederci.

Dal binario 13.

A che ora arriva a Siena?

Devo cambiare?

Da quale binario?

E la sera, a che ora c'è un treno per tornare?

No, è diretto.

Sono diretti tutti e due?

Alle 9.49.

A1 2 UN TRENO PER UDINE
↓
A2 *You are in Milan and a friend has invited you to Udine. You enquire about trains to Udine.*

Lei: Domani vorrei andare a Udine. Mi sa dire che treni ci sono nel pomeriggio?

L'impiegato: Dunque, c'è un diretto che parte da Milano alle 15.30, però deve cambiare a Mestre.

Lei: C'è subito la coincidenza a Mestre?

L'impiegato: Vediamo . . . Lei arriva a Mestre alle 17.15 e riparte alle 18.15. No, deve aspettare un'ora.

Lei: E a che ora arrivo a Udine?

L'impiegato: Arriva alle 21.00.

Lei: Non c'è un altro treno?

L'impiegato: Sì, sì. C'è un espresso alle 18.30 che arriva a Udine alle 23 oppure[1] c'è un rapido alle 19.30 che arriva a Udine alle 22.30, ma ha solo la prima classe.

_____

[1]Or

a) *During the conversation you note the times on a piece of a paper.*

b) *With this piece of paper in your hand you call your friend (Paolo) to give him all the information about trains that you have. You have decided to take the 'espresso'. Complete the dialogue.*

Paolo: Pronto?

Lei: Ciao, Paolo, sono John.

Paolo: Ciao, John. Allora, a che ora arrivi domani sera?

Lei: _____

Paolo: Ah, così tardi? Non c'è un treno che arriva prima?

Lei: _____

Paolo: Ah, capisco, allora è meglio l'espresso. A che ora hai detto che arriva a Udine?

Lei: _____

Paolo: Va bene, allora ci vediamo domani sera alla stazione!

c) *After the phone call you go to the ticket office.*

You ask for a second class ticket to Udine. ≈ _____

≈ Andata e ritorno?

You say that you want a single ticket and ask the price. ≈ _____

≈ Sono 11.000 lire.

You ask from which platform the train leaves. ≈ _____

≈ Dal binario 3.

You thank him. ≈ _____

VIETATO ATTRAVERSARE I BINARI

A4   3   SUPERLATIVI

Put the correct halves of the sentences together.

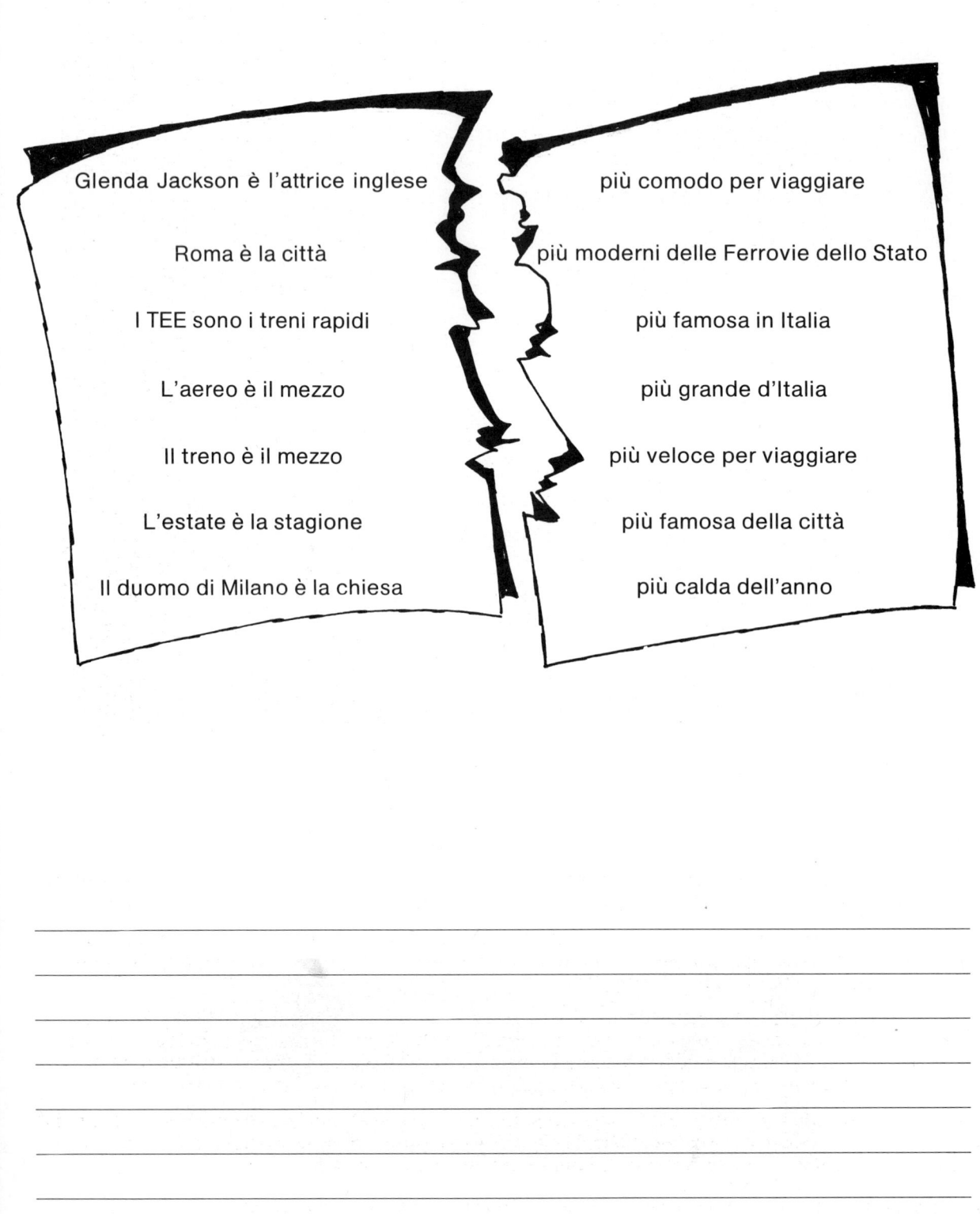

Glenda Jackson è l'attrice inglese	più comodo per viaggiare
Roma è la città	più moderni delle Ferrovie dello Stato
I TEE sono i treni rapidi	più famosa in Italia
L'aereo è il mezzo	più grande d'Italia
Il treno è il mezzo	più veloce per viaggiare
L'estate è la stagione	più famosa della città
Il duomo di Milano è la chiesa	più calda dell'anno

A5 4 A TORINO

You are in Turin. Follow the route described and complete the text below.

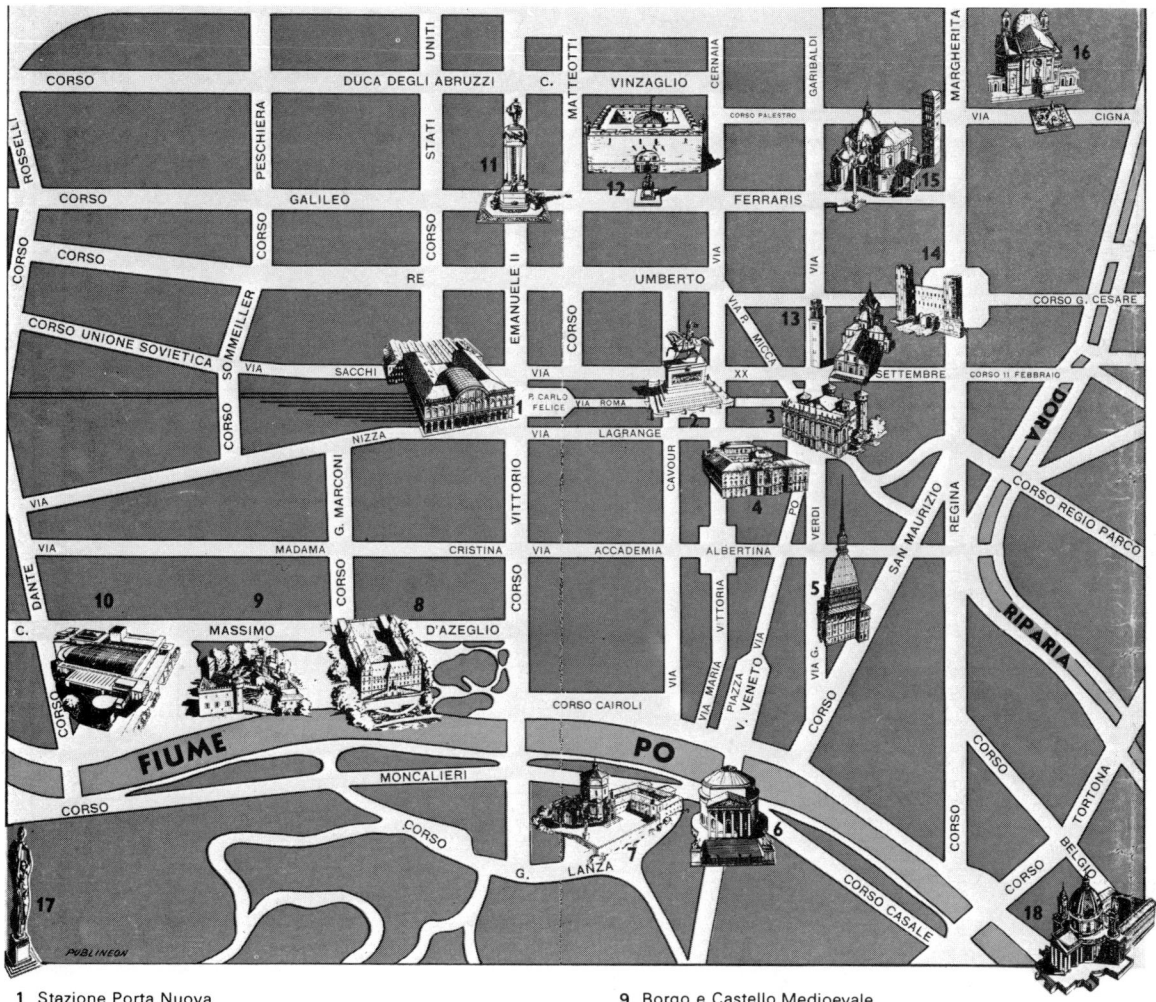

1 Stazione Porta Nuova
2 Monumento a Emanuele Filiberto (Piazza S. Carlo)
3 Palazzo Madama (Piazza Castello)
4 Palazzo Carignano
5 Mole Antonelliana
6 Gran Madre di Dio
7 Monte dei Cappuccini
8 Castello del Valentino
9 Borgo e Castello Medioevale
10 Palazzo delle Esposizioni
11 Monumento a Vittorio Emanuele II
12 Mastio della Cittadella
13 Duomo e Cappella della S. Sindone
14 Porta Palatina
15 Santuario della Consolata
16 Santuario di Maria Ausiliatrice

Lei è al Palazzo delle Esposizioni[1]. Adesso prenda corso Massimo d'Azeglio, vada sempre dritto, poi giri a sinistra per corso Vittorio Emanuele, al secondo incrocio giri a sinistra e lì vede...

Adesso prenda via Lagrange, continui sempre dritto fino a Palazzo Madama, poi giri a sinistra e prenda via Garibaldi. Continui sempre dritto, al terzo incrocio giri a sinistra per via Ferraris, passi l'incrocio ed è subito...

Adesso torni indietro[2] e all'incrocio giri a destra per via Cernaia, continui sempre dritto fino a piazza San Carlo dove si trova il monumento[3] a Emanuele Filiberto, lì giri a sinistra per via XX Settembre, prenda poi la prima strada a destra e continui fino a piazza Castello, attraversi la piazza e continui sempre dritto per via Verdi, passi il primo incrocio e dopo cento metri alla sua sinistra vede...

Appena fuori vada a sinistra e continui sempre dritto fino al fiume[4], poi giri a destra e vada dritto fino all'incrocio con corso Vittorio Emanuele. Lì giri a destra e poi subito a sinistra, passi il Castello del Valentino e il Borgo medioevale[5] e davanti[6] a Lei, sulla sinistra vede...

---

[1]Exhibitions   [2]Back   [3]Monument   [4]River   [5]Medieval quarter   [6]In front of

LEZIONE 12

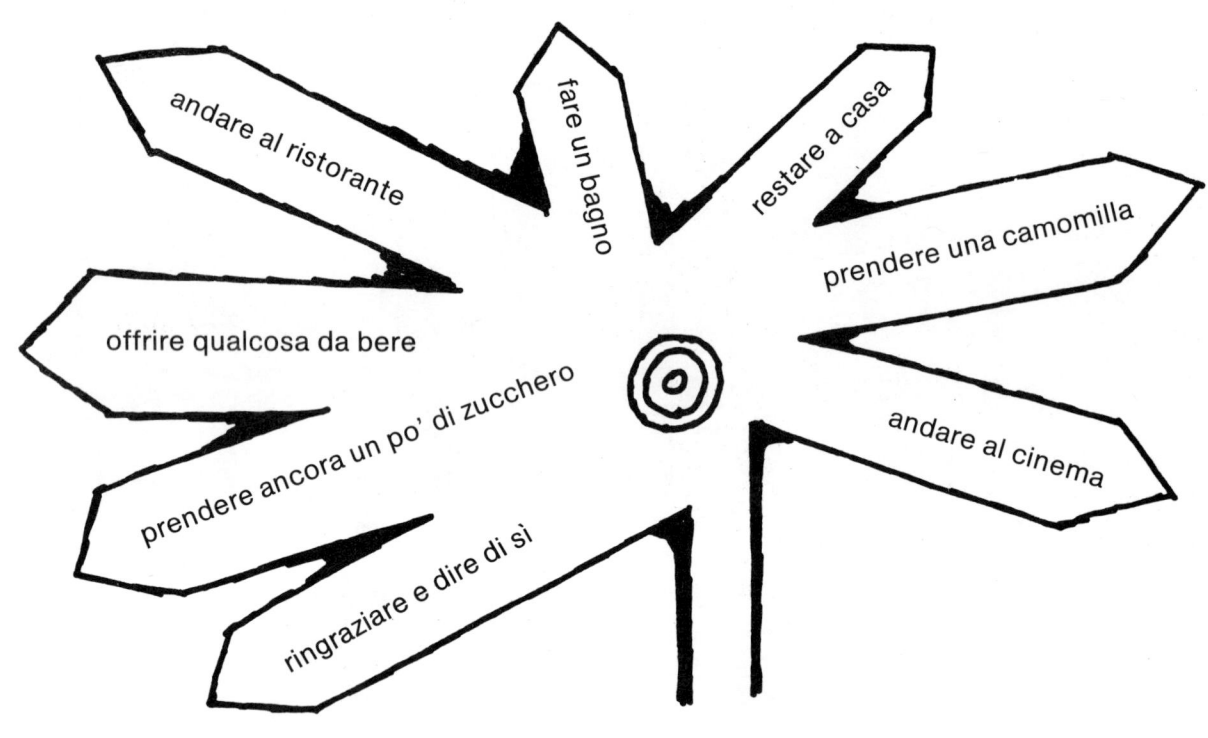

andare al ristorante

fare un bagno

restare a casa

prendere una camomilla

offrire qualcosa da bere

prendere ancora un po' di zucchero

andare al cinema

ringraziare e dire di sì

A1 1 CHE COSA SI FA?

Answer the questions below, saying what 'one' does.
The words on the signpost will help you.

Che cosa si fa . . .

1. quando in casa c'è poco da mangiare?   Si _____

2. quando ci sono degli ospiti?   _____

3. quando il caffè è amaro?   _____

4. quando piove?   _____

5. quando c'è un film interessante?   _____

6. quando di notte è difficile dormire?   _____

7. quando al mare fa troppo caldo?   _____

8. quando un amico simpatico ci invita a cena?   _____

A2 2 FANTASIA DI PAROLE

↓
A4

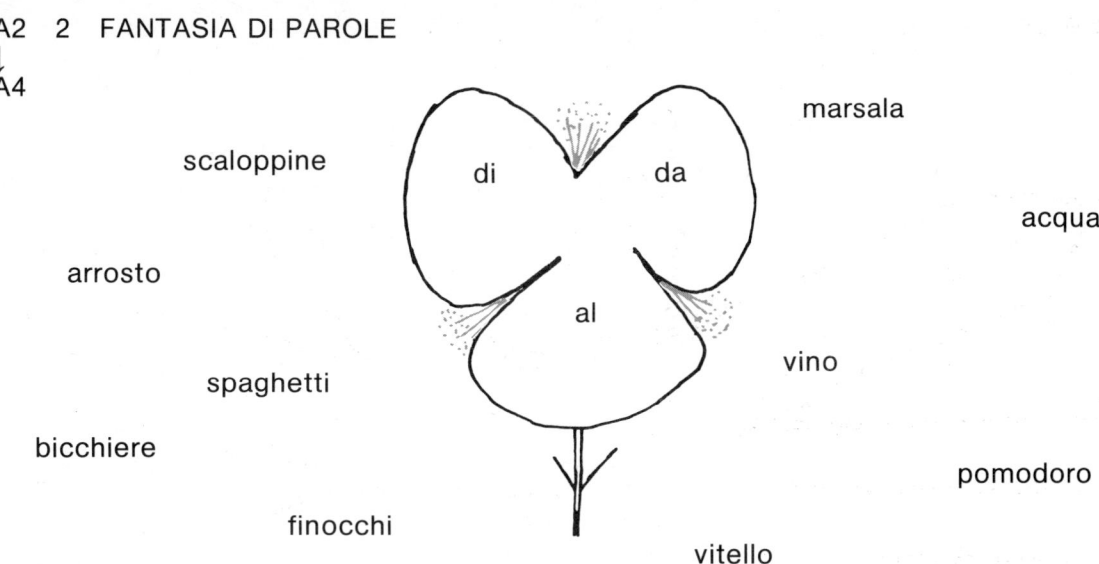

marsala

scaloppine

di   da

acqua

arrosto

al

vino

spaghetti

bicchiere

pomodoro

finocchi

vitello

burro

From the words above form ten terms as in the example.

1. arrosto di vitello _____

6. _____

2. _____

7. _____

3. _____

8. _____

4. _____

9. _____

5. _____

10. _____

A3 3 WORD TABLE

↓
A4 *Fill in the word table with the correct forms of 'sapere' and 'bere'.*

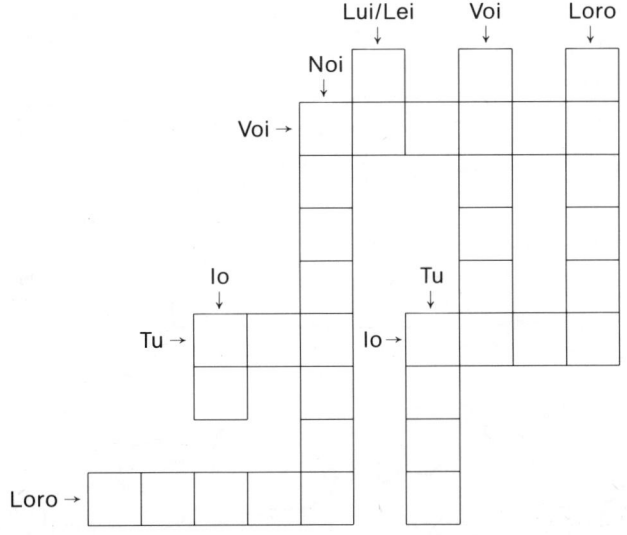

A1 4 AL RISTORANTE
↓
A5

In a busy Italian restaurant you hear the following snippets of conversation. Each question or request (numbered) fits two answers (lettered). Put them together in the right order.

1 _____, _____   4 _____, _____   7 _____, _____

2 _____, _____   5 _____, _____

3 _____, _____   6 _____, _____

a Ci porti mezzo litro di vino rosso e una bottiglia di acqua minerale.

2 Siamo in quattro, c'è posto?

b Sì, mi porti ancora un caffè.

c Piuttosto bene.

7 Desidera altro?

m No, grazie, mi porti il conto, per favore.

3 Come primo, che cosa prende?

e Un momento solo, per favore.

g Due birre.

f Prendo le penne all'arrabbiata.

1 Come si mangia da Gianni?

d Certo, lì c'è un tavolo libero.

h In questo momento, no. Riprovate fra una mezz'ora.

5 Sono per Lei i tortellini?

6 Cameriere, il conto, per favore!

n Sì, ma non al sugo; ho detto in brodo.

i Male!

l No, io ho ordinato le penne.

j Vengo subito.

k Mi porti mezza porzione di spaghetti al pomodoro.

4 Che cosa prendete da bere?

A5 5 IN UN NEGOZIO DI GENERI ALIMENTARI

Completate con di, dei, delle, dell'.

~ Desidera?

≈ Vorrei mezzo chilo _____ fragole.

~ Mi dispiace, le fragole sono finite, ma ci sono _____ more

e _____ lamponi buonissimi. Poi ho anche _____ uva dolcissima.

≈ Allora mi dia tre etti _____ questi lamponi.

~ Altro, signora?

≈ Sì, vorrei anche _____ formaggio. Mi dia un po' _____ gorgonzola.

Ecco, così, va bene.

~ È tutto, signora?

≈ Sì, . . . ah no, mi manca anche il pane. Ha ancora _____ panini?

~ Purtroppo no. Ma Le posso dare un pezzo _____ pane integrale[1].

≈ Va bene. Adesso ho proprio tutto.

_____
[1]Wholemeal bread

B 6 VOCABOLI

Completate.

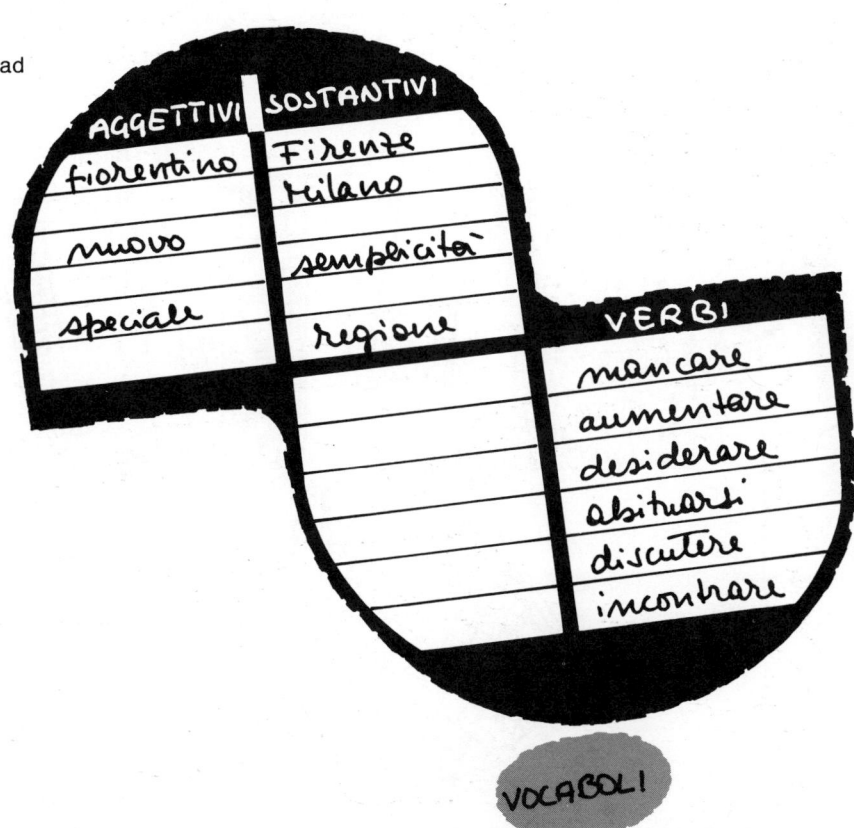

LEZIONE 13

A2 1 ALTA MODA

You are preparing the display for a fashion shop, and have to match the clothes to the tags. In the right order the letters for the tags will spell the name of a well-known Italian designer.

E cappotto di lana
Lit 350.000

A pantaloni a quadri
Lit 55.000

O gonna scozzese
pura lana
Lit 120.000

T pantaloni in tinta unita
puro cotone
Lit 45.000

R maglione di mohair
in tinta pastello [rosa, celeste]
Lit 70.000

B sciarpa a righe
modello Oxford
Lit 25.000

R calze Parigi
50% seta
50% fibra sintetica
Lit 15.000

A6 2 DOV'È RIMASTA LA VALIGIA?

You have flown to Rome but your suitcase has not travelled with you. You list the contents of the suitcase.

Il contenuto* della mia valigia:

Un paio di scarpe nere

---

¹Contents

A6 3 IN UN NEGOZIO DI MODA

Complete the dialogue, taking the part of the customer.

	~ Signora, desidera?
You say that you want to try on the red corduroy trousers that are in the window.	≈ _____
	_____

~ Volentieri, signora.
Si accomodi pure in cabina.

You have not quite understood where the
changing room is.

≈ _____

~ In fondo[1] a destra, signora. Venga, L'accom-
pagno io. Come vanno i pantaloni?

You tell the sales assistant that they seem too
tight and you want to try a larger size.

≈ _____

_____

~ Mi dispiace, ma la taglia più grande, in rosso,
non c'è più. C'è in verde o in nero.

You ask if it is light or dark green.

≈ _____

_____

~ È un verde bottiglia, signora, molto elegante.
Ecco, li provi pure!

You say that these trousers are OK but you
prefer the red ones.

≈ _____

_____

~ In rosso Le posso far vedere un altro modello.

You do not want to try on anything else. You
refuse the offer.

≈ _____

_____

_____
[1]At the back

A6 4 QUESTO O QUELLO?

Complete the dialogue with the correct forms of 'questo' *and* 'quello' *and of the verbs* 'piacere' *and* 'comprare'.

B 5 DIVISA NUOVA PER LE VIGILESSE ROMANE

a) *Read the text below and try to understand the content without looking up every new word. Some words are given to help you.*

vestire – to dress
voltare – to turn, to attract
        attention (here)

perdonare – to excuse
la multa – fine
il merito – credit

incaricare – to commission
la divisa – uniform
rigoroso – rigorous, severe,
        exact.

Gucci e Fendi vestono le vigilesse di Roma

Adesso le vigilesse di Roma, non solo fanno voltare tutti per la loro eleganza, ma si fanno anche perdonare le multe... Tutto il merito è dell'Assessorato alla polizia urbana del comune che ha avuto la brillante idea di incaricare due famose case di moda di „vestire" le donne vigili. Sono così nate le nuove divise „firmate" da Fendi e „accessoriate" da Gucci. Fendi ha ideato la linea rigorosa, classica ed elegante delle divise; Gucci ha realizzato borse, scarpe e giubbotti di pelle.

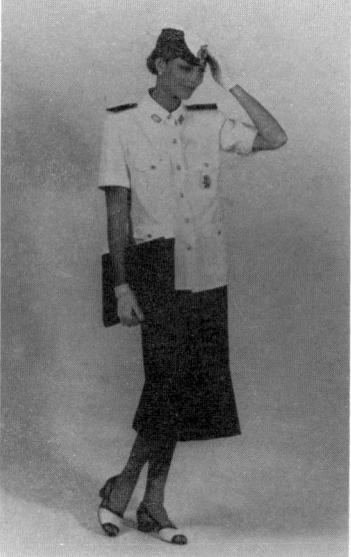

Le divise estiva e invernale delle vigilesse romane.

b) *In the left-hand column you will find other expressions from the text. Try to match them to the meanings in the right-hand column.*
Read the text again.

la vigilessa	il cuoio
il comune	la giacca
realizzare	la città
il giubbotto	la donna vigile
	fare
ideare	aggettivo di: estate
	(giugno, luglio, agosto)
estivo	
invernale	aggettivo di: inverno
	(dicembre, gennaio, febbraio)
la pelle	progettare, inventare

c) *What does the text say?*

	Sì	No
1. Le nuove divise delle vigilesse romane sono poco eleganti.	☐	☐
2. Ci sono due tipi di divise, una per l'estate e una per l'inverno.	☐	☐
3. Gucci e Fendi hanno dovuto pagare una multa, perché le loro divise hanno fatto scandalo.	☐	☐
4. Le borse, le scarpe e i giubbotti di pelle sono firmati da Fendi.	☐	☐
5. Le vigilesse romane hanno ricevuto una nuova divisa su iniziativa dell'Assessorato alla polizia della città di Roma.	☐	☐

LEZIONE 14

A1 1 CHI È?

The dark squares give the answer.

A1 2 NE, NIENTE, NESSUNO
↓
A6 *Complete the answers.*

1. Hai dei dischi di Celentano? – Sì, _____ ho _____ .

2. Vuoi mangiare qualcosa? – No, _____ mangiare _____ .

3. Guardi che ciliegie, signora! – Sì, sono belle davvero. _____ prendo

   _____ .

4. È venuto qualcuno? – No, _____ venuto _____ .

5. Ha qualcosa contro la tosse? – Sì, questo sciroppo è buonissimo.

   _____ dopo i pasti.

6. Hai visto qualcosa? – No, _____ .

Un cucchiaino dopo i pasti

B 3 AGGETTIVO O AVVERBIO?

> completo – probabile – leggero – tranquillo

Choose the correct adjective and where necessary make it into an adverb.

1. Il prezzo della benzina anche quest'anno è _____ aumentato.

2. Vorrei prenotare una camera singola con pensione _____ dal 1° al 20 luglio.

3. Oggi fa caldo, mettiti un vestito _____ .

4. Non vedo Maria da una settimana. _____ è malata.

5. Mia moglie non sta bene, non sono _____ .

6. Viene anche Carlo stasera? – Non lo so, ma è _____ .

7. Ma perché non ti compri un cappotto nuovo? Il tuo ormai è _____ fuori moda.

8. Bevi il tuo caffè _____ , il treno non è ancora arrivato.

B 4 LA PAROLA CHE NON VA

Find the odd word out in each of the groups, then write the second letter of the word in the box.
The result is something that does you good.

1. ☐
psicoterapia
agopuntura
ipnosi
ospedale
training autogeno

2. ☐
bronchite
salute
raffreddore
tosse
cancro

3. ☐
fumo
pastiglie
capsule
gocce
compresse

4. ☐
del tutto
completamente
interamente
unico
per sempre

5. ☐
occhi
spalle
viso
pollice
bambola

B 5 LEGGERE E CAPIRE

Read the notices and answer the questions:

1. Three of the notices have something to do with health. Which three?

2. Which notice is talking about the qualities and composition of a product?

3. Which is concerned with food?

4. Which notice concerns women in particular?

B

Aderisci all'Associazione Italiana per la Ricerca sul Cancro.

Trenta secondi non sono nulla, ma sono più che sufficienti perché tu ti renda conto che puoi aiutarci a combattere il cancro. E c'è un modo per farlo: sostenere la ricerca giorno dopo giorno. Pensa che solo venti anni fa, su 100 bambini malati di leucemia solo 10 si salvavano. Oggi, 50 casi vengono risolti. Questo è solo uno dei grandi risultati del lungo lavoro della ricerca. Ma la ricerca ha sempre bisogno di nuovi uomini, nuove tecnologie e nuove strutture per altri grandi risultati. È tutto questo ha bisogno di investimenti. Forti investimenti. Investimenti che nascono anche dal tuo aiuto. Regalaci trenta secondi del tuo tempo per aiutare l'Associazione Italiana per la Ricerca sul Cancro. Associati. *Vittorio Gassman*

AIRC
Associazione Italiana per la Ricerca sul Cancro
via Durini 5 – 20122 Milano
Comitati: Emilia Romagna, Friuli Venezia Giulia, Lazio, Liguria, Piemonte-Valle d'Aosta, Puglia, Toscana, Veneto

Trenta secondi per noi, sono una vita.

A

Pensa: una visita al consultorio può vincere le tue paure, può bloccare sul nascere piccoli o grandi mali, può servire a renderti la vita più serena, più lunga. Questa è un'opportunità per tutte le donne, questo uno degli obiettivi per raggiungere i quali è nata l'Azione Donna, ideata dal Ministero della Sanità e destinata ad educare le donne alla prevenzione, informandole sui principali problemi della salute femminile: diagnosi precoce e controllo dei tumori femminili, procreazione responsabile, parto, attuazione della legge sulla tutela della maternità e per l'interruzione volontaria di gravidanza, ecc. Una iniziativa importante, l'Azione Donna. Ma funzionerà solo se ogni donna – te compresa – deciderà di badare di più alla propria salute, comprenderà l'importanza di pensarci per tempo e farà in questo senso un primo concreto passo: ne parlerà al proprio medico o andrà al consultorio per chiedere consigli e trovare soluzioni.

AZIONE DONNA
È UNA INIZIATIVA DEL MINISTERO DELLA SANITÀ

D

SALDUE:
FINALMENTE
IL SALE BUONO
CHE NON FA MALE.

iposodico
SALDUE

↗ Also
La salute nell'alimentazione.

C

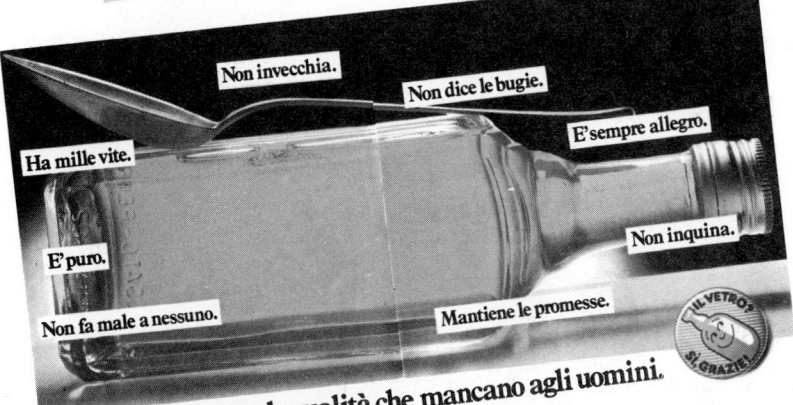

Non invecchia.
Non dice le bugie.
E' sempre allegro.
Ha mille vite.
E' puro.
Non inquina.
Non fa male a nessuno.
Mantiene le promesse.

IL VETRO? SÌ, GRAZIE

Il vetro ha tutte le qualità che mancano agli uomini.

B 6 CREPEREIA

Crepereia Tryphaena, la giovane romana morta diciotto secoli[1] fa, è tornata a Roma, nella città che per quasi duemila anni ha conservato il suo sepolcro[2], la sua bambola e i suoi gioielli[3]. Dopo essere stata a Milano e a Torino, la mostra si trova adesso a Roma, in Campidoglio.

Anche qui, come a Milano e a Torino, la gente fa la coda per vedere i resti della giovane, vissuta[4] ai tempi della Roma imperiale. Il suo sepolcro è stato ritrovato il 10 maggio 1889 nel quartiere Prati[5], insieme a quello di Crepereius Euhodus, probabilmente il padre della giovane.

Dopo il restauro Crepereia, la sua bambola e i suoi gioielli sono rimasti in un deposito[6] dei Musei Capitolini e soltanto un anno fa il pubblico ha avuto la possibilità di vederli per la prima volta.

Si sa che la giovane, alta circa 152 cm, è morta a 17−19 anni. Non conosciamo la causa[7] della sua morte, ma la ghirlanda di mirto sui capelli indica che Crepereia è stata sepolta[8] con il suo abito da sposa: forse è morta proprio prima del suo matrimonio e questo spiegherebbe anche la presenza[9] della bambola, regalo delle giovani spose romane a Venere.

Ma nessuno può rispondere alle mille domande che nascono spontanee sulla vita e sulla morte di Crepereia, e la gente che fa la coda per vedere la mostra, pensa in silenzio alla storia di una giovane, ancora bambina, vissuta duemila anni fa e morta troppo presto.

---

[1]Centuries   [2]Grave   [3]Jewels   [4]Who lived   [5]Part of Rome   [6]Storehouse   [7]Cause
[8]Buried   [9]Presence

a) *Vero o falso?*

	V	F
1. La mostra di Crepereia è stata anche a Milano e a Torino.	☐	☐
2. A Roma moltissime persone vanno a vedere la mostra.	☐	☐
3. Dopo il restauro la gente ha avuto la possibilità di vedere Crepereia e la sua bambola.	☐	☐
4. Tutti gli anni le giovani spose romane regalano una bambola a Venere.	☐	☐

b) *Find the words from the text that fit the sentences.*

Quasi tutti i bambini ne hanno una: _____

Quello che rimane di una persona morta: _____

Si va a vedere perché è interessante: _____

Li mettono le donne: _____

Insieme di persone: _____

Si riceve sempre volentieri: _____

Si chiama così una donna che si sposa: _____

Il contrario della morte: _____

LEZIONE 15

A1 1   UN ANNUNCIO[1] IMPORTANTE

You are looking for a flat and have found an advert, but your children have been playing with the newspaper and have torn it. Try to reconstruct the text.

———
[1]Advertisement

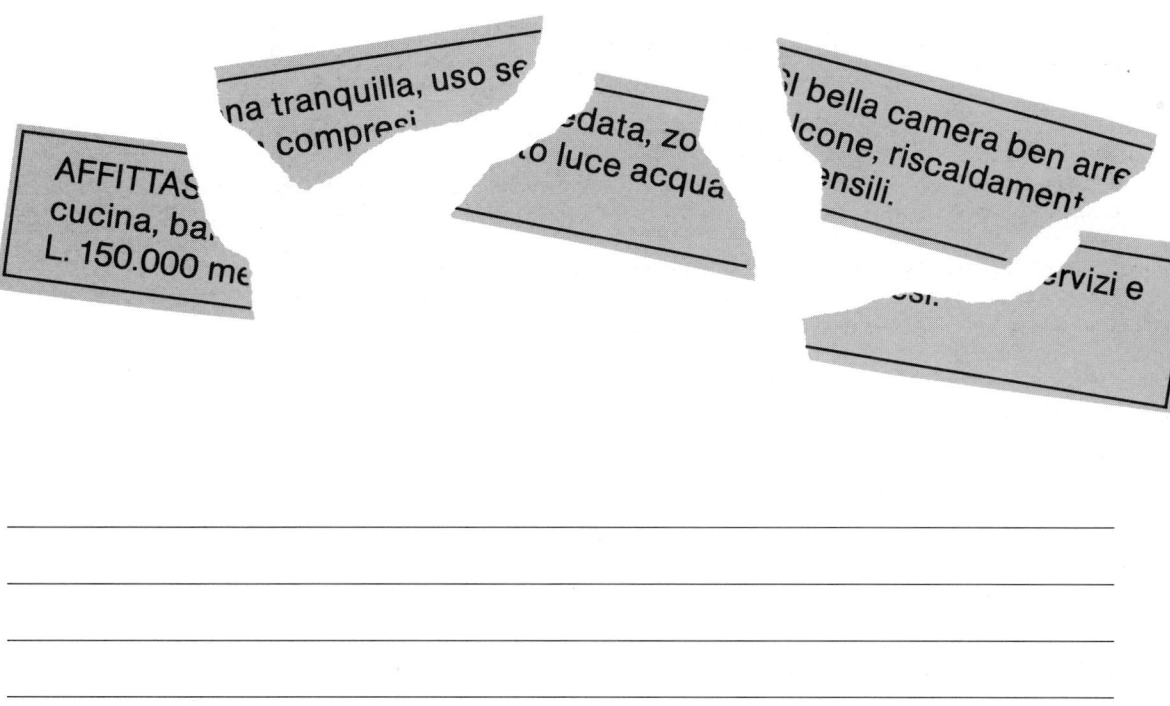

_____

_____

_____

_____

A1 2   È TUTTO BELLO
↓
A2 *Complete the sentences using the correct forms of 'bello'.*

1. In questa zona ci sono delle _____ ville.

2. Da piazzale Michelangelo si vede un _____ panorama.

3. Che _____ appartamento ha comprato Mario!

4. Che _____ fiori ci sono in quel giardino!

5. Qui ci sono dei _____ alberghi, però sono molto cari.

6. Ieri sera al circo ho visto un _____ spettacolo.

A1 3 L'APPARTAMENTO NUOVO

↓

A3 *Put the adjectives in the right places. Make sure they agree with the nouns.*

_____Luisa_____,   caro

Oggi ti voglio parlare del nostro_____apparta-   nuovo

mento_____. Credo che abbiamo trovato proprio

una_____soluzione[1]_____perché ora abitiamo   ideale

in una_____zona_____e allo stesso   tranquillo

tempo siamo vicino al centro. In più via Manzoni

è una_____strada_____, ci sono ancora   bello/elegante

palazzi dell' '800. La nostra invece è una

_____casa_____.   moderno

L'appartamento si trova al_____piano_____   quinto

e offre una_____vista[2]_____su   meraviglioso

tutta la città. Abbiamo cinque camere: un_____   bello

soggiorno_____, tre camere da letto e un

_____studio_____per Franco. C'è anche un   piccolo

_____balcone_____dove   molto grande

passare le_____serate_____durante l'estate.   caldo

Allo stesso piano abita una_____famiglia   inglese

_____. Hanno due_____bambini   simpaticissimo

_____. Il posto qui è anche molto comodo.

Ci sono dei_____negozi_____proprio a due passi.   bello

dove si trova tutto. L'_____problema_____è   unico

che il mio posto di lavoro è abbastanza lontano.

Devo prendere l'autobus tutti i giorni e questo mi

costa_____tempo_____. Pazienza[3], non si può   molto

aver tutto nella vita! Quando vieni a trovarci?

Ti saluto con un_____abbraccio[4]_____   forte

tua Roberta

---

[1]Solution [2]View [3]Never mind [4]Embrace.

A5   4   UN CONSIGLIO

Give advice using the expressions below.

comprarsi una casa – alzarsi prima – fare un regalo – andare a trovare – sposarsi – mangiare ancora un po' – scrivere una cartolina

1. Mi sento tanto solo! ~ *Dovresti sposarti.* _____

2. Abbiamo troppi soldi in banca! ~_____

3. Domani è il compleanno di Claudia! ~_____

4. I miei figli arrivano sempre troppo tardi a scuola! ~_____

5. Mario è malato da molto tempo! ~_____

6. Cerchiamo di telefonare a Aldo da tanti giorni, ma non è mai a casa! ~_____

7. Mamma, non ho più voglia di spinaci! ~_____

A5   5   VERBI

Fill in the crossword using the first person singular (io) of the verbs below. The shaded squares will form another verb in the first person singular reading from left to right and from top to bottom.

Orizzontale:

1 preferire
7 lasciare
9 sapere
10 conoscere
11 venire
13 bere
15 dormire
19 avere
20 dare
21 potere
22 rimanere

Verticale:

1 partire
2 fare
3 uscire
4 sapere
5 cercare
6 odiare
7 lavare
8 ricevere
11 vedere
12 volere
14 andare
15 dire
16 restare
17 mettere
18 dovere

A6 6 SE SI VUOLE ...

Form your own sentences as shown in the example.

1. Se si vuole uscire spesso, si deve vivere in città.

1. voler uscire spesso	perdere i contatti con gli amici
2. dover risparmiare	preferire vivere in campagna
3. non avere il telefono	dover vivere in città
4. amare la vita semplice	prendere in affitto un appartamento che costa poco
5. voler comprare una casa	dover prendere una casa grande
6. essere senza macchina	preferire abitare vicino al centro
7. avere mobili antichi	dover avere molti soldi.

2. _____

3. _____

4. _____

5. _____

6. _____

7. _____

B 7 VOCABOLI

What is the opposite of:

Verticale

1 bello
2 pulito
4 sopra
5 vicino
6 piccolo
8 occupato
9 dietro
11 lento
13 più
15 niente
17 molto

Orizzontale

1 alto
3 tranquillo
7 crudo
8 corto
10 vecchio
12 vecchio
14 triste
16 chiuso
18 falso
19 lungo
20 primo

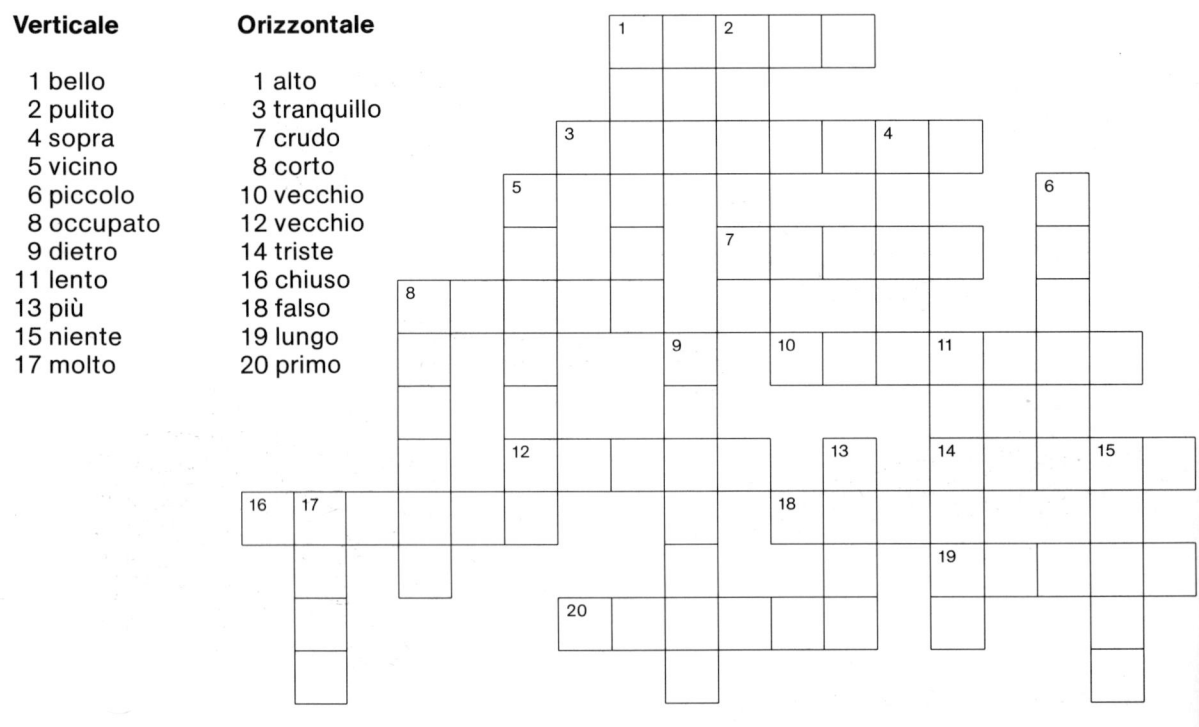

B 8 ANNUNCI

1. *Read the six notices.*

2. *Which belong to the group* 'vendita alloggi' *and which to* 'offerte affitto'?

| Vendita alloggi | _____ | Offerte affitto | _____ |

3. *Which notices describe flats? Which describe houses?*

| Appartamenti | _____ | Case | _____ |

4. *You would like to spend a couple of months in Italy. Among the notices there are two that could be considered.*

   a) *Which ones?* _____

   b) *You choose one. You require more information. Work out five questions you would ask on the telephone.*

| Annuncio No. | _____ |

1. _____

2. _____

3. _____

4. _____

5. _____

1.
RIVOLI libero 5° piano via Partigiani d'Italia 2 camere soggiorno cucinino servizi vendesi. Tel. 953.3939.

2.
VINOVO impresa vende direttamente in complesso residenziale autonome e signorili ville a schiera.[1] Telefonare 965.1254 oppure 0121 74.545 ore pasti.

3.
A Grugliasco affitto a prossimi sposi camera soggiorno L. 150 mila. Tel. 393.615 Mobilificio.

4.
CALABRIA Capo Vaticano/Tropea affittasi alloggi nuovi 5 posti letto per giugno - luglio - settembre. Tel. 011 787.437.

5.
FIRENZE Lussuosi miniappartamenti arredati servizi affittansi a mesi L. 300 mila. Tel. 055 589.773

6.
VILLETTE A S. MAURIZIO CANAVESE
via Madonna della Neve a 15 km da Torino centro, 19 abitazioni unifamiliari nel verde, auto isolamento termico riscaldamento autonomo a gas giardino proprio, da 75-100-125 mq composte da 2-3 camere soggiorno cucina doppi servizi box 2 auto cantina. Prezzi da L. 153 milioni a L. 200 milioni. Ufficio vendite in cantiere[2], tel. 927.7458, a Torino tel. 332.458.

---
[1]Terraced houses   [2]Building site

1   I SEGNI DELLO ZODIACO

a) *Use the table below to write a short horoscope for each sign of the zodiac (which you will find on the next worksheet). Find alternatives to columns one and three to provide variety to your predictions.*

Questa settimana	Lei andrà	a una festa.
Sabato	Lei incontrerà	una persona interessante.
La settimana prossima	Lei comprerà	un videonastro.
Dopo quattro giorni	Lei uscirà	con un(') amico(a).
Fra poco	Lei sarà	felice/triste.
Domani	Lei vincerà	il gran premio!
L'anno prossimo	Lei perderà	molti soldi.
La fine settimana	Lei riceverà	una sorpresa.
Il suo numero portafortuna Un giorno importante	sarà	_____ _____

b) *Match up the following words:*

domani	yesterday
ieri	the day before yesterday
dopodomani	next week
fra poco	a year ago
la settimana prossima	tomorrow
oggi	soon
fra un anno	the day after tomorrow
un anno fa	last week
avantieri	today
la settimana scorsa	in a year's time

Put a cross next to the words which you can use with the future tense.

L'Oroscopo della Settimana

Acquario (21.1–19.2) – Il vostro umore non solo sarà buono, sarà perfino alle stelle e tutto, davvero tutto, sorriderà attorno a voi. Finalmente! State lavorando bene e in profondità: gli studi vi daranno perciò grandissime soddisfazioni. E in amore? Se ne parlerà ...

Pesci (20.2–20.3) – L'amore sta scrivendo a lettere maiuscole il vostronome nel mondo dei sogni di ... qualcuno. Ebbene, che questo qualcuno si pronunci, che questo qualcuno dica chiare le sue intenzioni! A scuola qualche ... capogiro, poi tutto infine andrà bene.

Ariete (21.3–20.4) – Giorni di batticuore ma molto promettenti e non solo per motivi scolastici o di lavoro. Un pomeriggio di festa, a cui sarete invitati all'ultimo momento e di sorpresa, sarà l'avvio di una serie di avvenimenti felicissimi. Un rametto di rosmarino.

Toro (21.4–20.5) – Avanzamenti su tutta la linea, con soluzioni insperate di antichi problemi affettivi. A scuola e sul lavoro risultati di rilievo, che comporteranno un supplemento di entrate. Finanziarie, certo. Un amico lontano solleciterà il vostro intervento.

Gemelli (21.5–20.6) – C'è qualcosa di nuovo per voi, nell'aria: tipovacanze, cambiamenti in casa, andirivieni di amici simpaticissimi e parenti. Le stelle suggeriscono maggiore e più sincera amabilità nei confronti di coloro che vi chiederanno aiuto. Una lettera.

Cancro (21.6–22.7) – Si stanno preparando grosse cose sulla vostra strada che vi ripagheranno del molto lavoro da voi svolto con intelligenza e altruismo. Grosse soddisfazioni anche in campo sentimentale che sarà un porto sicuro per i vostri sogni. Una rosa bianca.

Leone (23.7–23.8) – Qua la zampa, leoncelli, poiché state dando prova di efficienza massima, intelligente e fantasiosa. Le stelle applaudono a pieni raggi all'impegno che mettete in ogni cosa: studio, lavoro e (ehm) amore. Pomeriggio di quattro salti a batticuore.

Vergine (24.8–23.9) – Che fantasia! Ma cosa andate a pensare? A immaginare? Vi si vuole bene e stop! Vi si vuole bene per come siete e percio ... basta muso. A scuola e sul lavoro il vostro impegno è tale da assicurarvi successo e approvazioni.

Bilancia (24.9–23.10) – Incontri di sera all' insegna dei sentimenti più teneri: tanto, tanto, tantissimo amore attorno a voi che ne sapete dare sempre tanto, tanto, tantissimo. Leggendo un libro troverete la soluzione a un problema da tempo nei vostri pensieri.

Scorpione (24.10–22.11) – Valutate la situazione nel suo giusto valore, indipendentemente dai giudizi altrui o dagli altrui suggerimenti. Anche perché siete voi che dovete ballare. Ritroverete una vecchia cara amicizia. Finanziariamente metterete un certo ordine.

Sagittario (23.11–23.12) – Un viaggetto e non di fine settimana si sta profilando al vostro orizzonte, davvero roseo. Studi e lavoro in ottima luce: ed e quanto a voi più interessa. Finanze non in eccessivo rialzo. Moltissimi fiori in casa e da fuori. Corrispondenza.

Capricorno (24.12–20.1) – Cambiamenti anche per voi: di casa, di studi,di scuola o di lavoro, in meglio, è logico. Una vecchia fiamma tornerà per un attimo a scottarvi il cuore: poi il medesimo riprenderà il suo normale battito. Studi e impegni a capofitto. Micio?

82

c) *Friends who do not know any Italian have asked you to help them understand the horoscopes on the previous worksheet. You have worked out one phrase or sentence from each paragraph. However you have forgotten to tell them which sign matches the English prediction! Your friends are also curious to know the original Italian words for those you have just translated. Complete the grid below.*

	SIGN	ENGLISH	ITALIAN
1.		Also great satisfaction in the sentimental field.	
2.		An old flame will return for a moment to burn your heart.	
3.		By reading a book you will find the solution to a problem.	
4.		An afternoon party will be the start of a series of happy events.	
5.		There's something new in the air for you: to do with holidays...	
6.		The stars heartily applaud the effort you are putting into everything.	
7.		At school and at work your effort is such to assure you of success and approval.	
8.		A small journey, not at the week-end, is coming up on your horizon.	
9.		You will once again find a dear, old friendship.	
10.		Love is writing your name in capital letters in the dream world of ... someone.	
11.		A far-away friend will ask you to intervene.	
12.		... everything, really everything will smile around you. At last!	

2   L'INDOVINA

The fortune teller's message is rather confused. Can you help her to sort it out?

THE FUTURE TENSE

Shall . . . will . . . am going to . . . shall . . . will . . . am going to . . .

You use the future tense when you want to talk about something you have not yet done, but intend to do at some time to come, e.g. soon, tomorrow, next week, in a year's time.

Look at the following patterns and see if you can work out how the future is formed:

	amare	**vendere**	**dormire**	**capire**
io	amer**ò**	vender**ò**	dormir**ò**	capir**ò**
tu	amer**ai**	vender**ai**	dormir**ai**	capir**ai**
lui				
lei	amer**à**	vender**à**	dormir**à**	capir**à**
Lei				
noi	amer**emo**	vender**emo**	dormir**emo**	capir**emo**
voi	amer**ete**	vender**ete**	dormir**ete**	capir**ete**
loro	amer**anno**	vender**anno**	dormir**anno**	capir**anno**

Did you note that: 1. the final e is removed from the infinitive before the future ending is added.
2. with the -are verbs the a changes to e: amar**e** — amer**ò**

3   IL FUTURO

Give the first person singular of the future tense of the following verbs:

portare _____	aspettare _____	ballare _____
camminare _____	alzarsi _____	parlare _____
permettere _____	scrivere _____	conoscere _____
prendere _____	perdere _____	spendere _____
sentire _____	partire _____	finire _____
salire _____	pulire _____	seguire _____
distribuire _____	offrire _____	dire _____

'THE BIG THREE'

essere	**andare**	**avere**
sarò	andrò	avrò
sarai	andrai	avrai
sarà	andrà	avrà
saremo	andremo	avremo
sarete	andrete	avrete
saranno	andranno	avranno

4   COMPLETATE QUESTE FRASI:

1. A che ora (arrivare) il treno?
2. Le ragazze (partire) oggi.
3. Noi (essere) pigri domani.
4. Stasera io (andare) al cinema.
5. Loro (restare) in città.
6. A che ora voi (finire) i compiti?
7. Tu (leggere) il giornale.
8. Gianni (guardare) la televisione.
9. Lisa (uscire) con il suo ragazzo.
10. Io (avere) una festa.

5   TRADUCETE IN INGLESE:

1. Partirò domani con l'aereo delle 3,35.
2. I nostri amici arriveranno domani.
3. I ragazzi torneranno da scuola alle quattro.
4. Il signor di Girolamo telefonerà alle sette e un quarto stasera.
5. Prima andremo a Firenze e poi visiteremo Padova.
6. Venerdì ti porterò al cinema, cara.
7. Domenica dormirò fino a mezzo giorno.
8. Mario e Gianluca andranno ad una festa sabato sera.
9. Non avrò tempo per fare le spese stamattina.
10. Mia zia sarà molto contenta di vedermi.
11. Che cosa farete domani?
12. A che ora ti alzerai domani mattina?

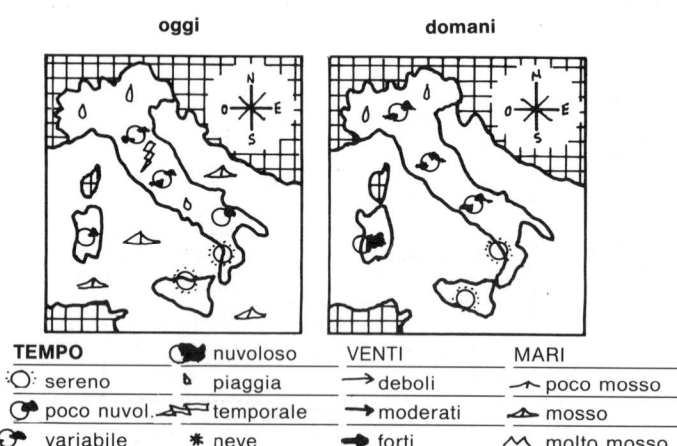

oggi   domani

TEMPO

☾ nuvoloso	**VENTI**		**MARI**
○ sereno	♭ piaggia	→ deboli	⟶ poco mosso
☾ poco nuvol.	⚡ temporale	→ moderati	mosso
variabile	✴ neve	➡ forti	molto mosso

All'estero

AMSTERDAM	7	15
ATENE	19	33
BANGKOK	24	32
BARBADOS	24	30
BEIRUT	—	—
BELGRADO	15	24
BERLINO	7	15
BERMUDA	25	27
BOGOTA	7	20
BRUXELLES	6	16
BUDAPEST	13	23
BUENOS AIRES	12	21
IL CAIRO	21	33
DUBLINO	3	12
FRANCOFORTE	8	17
GINEVRA	8	18
L'AVANA	25	33
HELSINKI	7	9
HONG KONG	22	23
HONOLULU	24	32
ISTANBUL	17	25
GIAKARTA	24	33
GERUSALEMME	17	25
JOHANNESBURG	11	21
KIEV	5	12
LIMA	15	21
LISBONA	20	23
LONDRA	7	15
LOS ANGELES	19	28
MADRID	17	24
MANILA	22	33
C. DEL MESSICO	14	24
MIAMI	26	30
MONTEVIDEO	13	18
MONTREAL	2	11
MOSCA	4	11
NUOVA DELHI	29	39
NEW YORK	10	19
OSLO	3	11
PARIGI	11	19
PERTH	8	11
RIO DE JANEIRO	14	25
SAN FRANCISCO	12	20
SANTIAGO	10	10
SAN PAOLO	9	24
SEUL	9	16
SINGAPORE	26	31
STOCCOLMA	—	—
SYDNEY	15	26
TAIPEI	18	22
TOKIO	24	26
TORONTO	4	16
VANCOUVER	14	16
VARSAVIA	9	16
VIENNA	16	23

IERI		OGGI		DOMANI	
BOLZANO	12-22	può piovere	11-23	può piovere	10-23
VERONA	15-23	rovesci	14-23	può piovere	13-23
TRIESTE	18-24	può piovere	19-24	rovesci	18-23
VENEZIA	18-23	può piovere	16-24	può piovere	15-23
MILANO	14-24	variabile	15-24	variabile	13-24
TORINO	11-21	può piovere	11-22	può piovere	12-22
GENOVA	18-24	può piovere	20-24	può piovere	18-23
BOLOGNA	18-28	variabile	17-26	variabile	15-26
FIRENZE	15-26	rovesci	18-27	può piovere	16-26
ANCONA	14-26	variabile	16-26	variabile	14-27
PERUGIA	15-23	rovesci	17-24	rovesci	15-24
PESCARA	15-26	qualche nube	18-28	sereno	15-26
ROMA URBE	16-27	variabile	16-27	variabile	15-27
FIUMICINO	17-25	qualche nube	18-26	qualche nube	17-26
CAMPOBAS.	17-24	qualche nube	17-24	qualche nube	16-24
BARI	17-27	qualche nube	17-27	sereno	17-26
NAPOLI	16-25	può piovere	15-25	variabile	15-26
POTENZA	15-23	qualche nube	15-24	sereno	14-23
REGGIO C.	np-27	sereno	np-28	sereno	np-27
PALERMO	21-27	sereno	21-28	sereno	21-28
CATANIA	17-29	sereno	17-30	sereno	17-29
ALGHERO	16-25	può piovere	19-27	può piovere	17-27
CAGLIARI	17-26	qualche nube	17-26	qualche nube	18-27

Nei prossimi giorni al Nord, sulla Toscana, sull'Umbria e sulle Marche nuvolosità variabile, a tratti intensa, e accompagnata da precipitazioni sparse occasionalmente anche temporalesche. Sulle altre regioni del Centro poco nuvoloso salvo addensamenti sulle zone interne

6 CHE TEMPO FARÀ?

Vero o falso?

1. A Bolzano farà bel tempo.
2. A Perugia pioverà.
3. A Palermo tuonerà e lampeggerà.
4. A Cagliari sarà nuvoloso.
5. A Trieste nevicherà.
6. A Catania ci saranno temporali.
7. In Inghilterra farà molto caldo.
8. In Russia non farà caldo, ma freddo.
9. In India ci sarà il sole.
10. In Egitto farà brutto tempo con molta nebbia.

7 PREVISIONI DEL TEMPO PER... 1° APRILE...!

Tu lavori all'ufficio meteorologico. Domani sarà il primo aprile. Inventa delle previsioni pazzesche[1] per il mondo!

---

[1]pazzesche = crazy!

LEZIONE 16

A2 1 DOMINO

Make up a short dialogue, putting different dominos together. You can make more than one dialogue. Begin with 1, 2 or 3.

1 A che ora vai al cinema oggi?

4 Alle 17,30.

10 No, ci vado a piedi.

2 Vai alla partita oggi?

3 Vai a Sorrento quest'anno?

9 Vai in macchina?

6 No, ci vado con Paolo.

8 No, ci vado in treno.

7 Sì, ci vado con mia moglie.

5 Ci vai da solo?

A2 2 PIÙ O MENO?

Compare and complete with più/meno lungo, caro, veloce, piccolo, vecchio, alto.

1. I jeans _____

_____ pantaloni.

2. Il vocabolario d'italiano è _____

_____ vocabolario di tedesco.

Deutsches Wörterbuch

40.000 Lire

Vocabolario della Lingua italiana

20.000 Lire

150 km all'ora

3. La Fiat UNO _____

_____ Ferrari.

230 km all'ora

Famiglia Verdi 100 m²

BAGNO	CAMERA DA LETTO	CAMBRA DA LETTO	STUDIO	
	CORRIDDIO			BALCONE
CUCINA	SOGGIORNO			

↑ INGRESSO

4. L'appartamento della famiglia Rossi

_____

appartamento della famiglia Verdi.

INGRESSO

Bagno →	CUCINA
C. DA LETTO	SOGGIORNO

Famiglia Rossi 60 m²

5. Il signor Martini _____

_____ signora Martini.

74 anni   65 anni

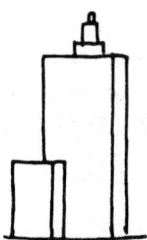

6. Il grattacielo _____ chiesa.

A3 3 UNA CARTOLINA DALLE VACANZE

Which regions do the postcards come from?

1 Qui in _____ fa caldo e c'è il sole, ma il mare è mosso e non posso fare il bagno.

2 Qui in _____ il cielo è nuvoloso, anche se non piove, e il mare è mosso.

3 Qui in _____ fa molto caldo e c'è il sole, ma non si può sciare perché manca la neve.

4 Qui in _____ fa molto caldo e non piove da due mesi. Per fortuna il mare è calmo e posso fare della vela.

5 Pioggia, pioggia, nient'altro che pioggia, e la sera fa anche freddo. Questa è l'ultima volta che passo le vacanze nel _____.

6 Fa molto caldo, anche se piove da due giorni, ma non importa perché qui in _____ mi trovo sempre molto bene.

LEZIONE 17

ROMA
CONSTANTINI AETATE

A3　1　GLI ANTICHI ROMANI

↓

B　*How did people live in ancient Rome? Complete the following.*

Gli antichi romani, o perlomeno quelli che _____ un ruolo	avere
importante nella vita politica della città, _____ molto presto,	alzarsi
prima dell'alba. Per prima cosa _____ della corrispondenza,	occuparsi
poi _____ colazione con pane, formaggio, miele,[1] olive e	fare
vino. Dopo la colazione _____ al foro[2] dove	andare
_____ i loro incontri d'affari. Verso[3] mezzogiorno	avere
_____ a vedere uno dei tanti spettacoli che la città	andare
_____ oppure _____ a casa dove	offrire/ritornare
_____ qualcosa di leggero. Al pranzo _____	mangiare/seguire
di solito un lungo riposo[4]. Nel pomeriggio i romani non _____	lavorare
e la sera _____ molto presto. La cena _____	mangiare/essere
il pasto più importante della giornata e se _____ degli ospiti	esserci
si _____ spettacoli di musica e varietà. Questa	organizzare
_____ più o meno la giornata dei ricchi[5] romani ai tempi di	essere
Giulio Cesare. Le famiglie ricche romane _____ circa due o	essere
tre mila. E come vivevano gli altri romani? Non dimentichiamo che Roma	
_____ più di un milione di abitanti.	avere

Di loro, ancora oggi, si sa molto poco.

———————

[1]Honey　　[2]Forum　　[3]Towards　　[4]Rest　　[5]Rich

B 2 WORD TABLE

Verticale

1 Si usa al mare ma i veneziani la usano anche in città.
2 In Italia non esiste più perché l'Italia è una repubblica.
3 Si festeggia ogni anno anche in molte regioni della Germania.
6 La fine della vita.
7 Famosa quella di Waterloo.
8 Non si vede e parla da un altro mondo.
11 Competizione sportiva.
16 Parte di uno spettacolo.
18 Si fa per Natale.
19 Quello che è stato fino a ieri.
21 Si chiama così il punto dove finisce la terra e comincia il mare.
23 Vestiti, cose.

Orizzontale

1 Piace molto ai giovani ma anche ai meno giovani.
4 Segue la partenza.
5 Due che si odiano sono . . .
9 Chi vende alle sagre ne deve avere una.
10 Angoscia.
12 Lavora in teatro.
13 Festa popolare.
14 Il tempo passato.
15 La domenica non si lavora, è . . .
17 Soltanto.
20 Si mette per non farsi riconoscere.
21 Vicolo d'acqua in città.
22 Si può . . . la chitarra, il flauto o qualche altro strumento.
24 Gesù Cristo è un . . . storico.

B 3   UNA TRADIZIONE DIVENTA REALTÀ

Il Presepe vivente di Pianola è nato nove anni fa per iniziativa di un gruppo di giovani del luogo. Rispecchia fedelmente[1] la tradizione storica, infatti si chiama „Come a Betleem" e prevede la rappresentazione di tre momenti che ricordano il classico presepe napoletano.
La cosiddetta *taverna* rappresenta l'aspetto laico[2] del mistero natalizio[3]: qui si è cercato di realizzare la vita di un paese in un giorno di festa, dove gli abitanti e gli stranieri venuti da lontano aspettano un miracolo[4].

La seconda fase, *l'annuncio ai pastori*[5], è l'aspetto forse più mistico di tutta la rappresentazione. I pastori si trovano nei prati con le loro greggi[6], in attesa dell'angelo che porta la notizia della nascita di un bambino in una stalla.

Alla semplicità di questa scena fa contrasto la maestosità[7] della terza e ultima parte, quella della *Natività*[8] che, al centro del grande scenario, ha per sfondo[9] il villaggio[10] di Betleem.
Lo spettacolo, che dura poco meno di un'ora, affascina[11] bambini e adulti e il suo significato non si esaurisce[12] nel raccontare e far rivivere una storia di tanti anni fa: quella che vediamo è la rappresentazione della vita di tutti i giorni e di tutti i tempi. Infatti anche oggi l'uomo aspetta l'arrivo del bambino, quel simbolo di qualcosa di nuovo che fa sperare nella vita e nella sua continuità.

---

[1]Faithfully   [2]Worldly aspect   [3]Christmas mystery   [4]Miracle
[5]The angel's proclamation to the shepherds   [6]Flocks   [7]Majesty   [8]Nativity   [9]Background
[10]Village   [11]Fascinates   [12]Is not exhausted

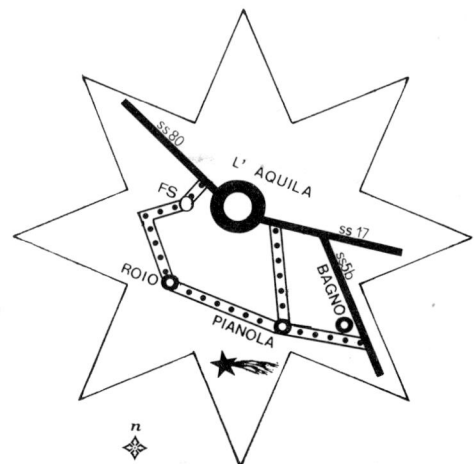

a) Vero o falso?

	V	F
1. Il Presepe vivente di Pianola ha una lunghissima tradizione storica.		
2. Nella prima parte dello spettacolo si vede la vita di tutti i giorni degli abitanti di un paese.		
3. Nella seconda fase, i pastori aspettano l'angelo che li informa della nascita di un bambino.		
4. La terza parte dello spettacolo rappresenta la nascita di un bambino in una stalla di Betleem.		
5. Lo spettacolo, che dura circa un'ora, è vietato ai bambini.		

b) *The director of the Pianola Nativity play organises the setting. He notes the places and characters necessary for three scenes. Here is his notepad. Complete it from the text.*

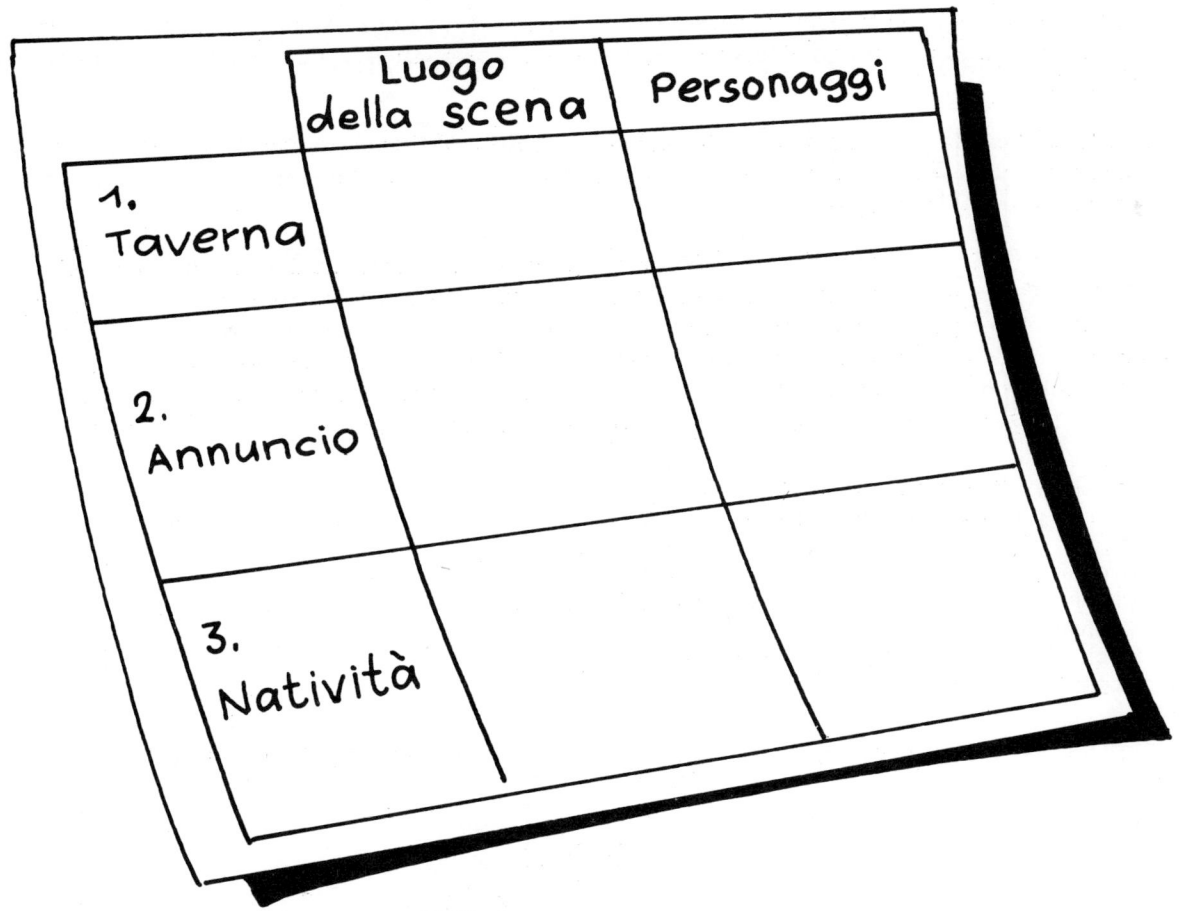

	Luogo della scena	Personaggi
1. Taverna		
2. Annuncio		
3. Natività		

B 4 CRUCIVERBA

Make the following verbs into nouns.

1 rappresentare	5 ricordare
2 vivere	6 arrivare
3 nascere	7 prevedere
4 morire	

8. Sono stati i primi a essere informati della nascita del bambino nella stalla: _____

ANSWERS TO WORKSHEETS

LEZIONE 2

1 CITTÀ D'EUROPA

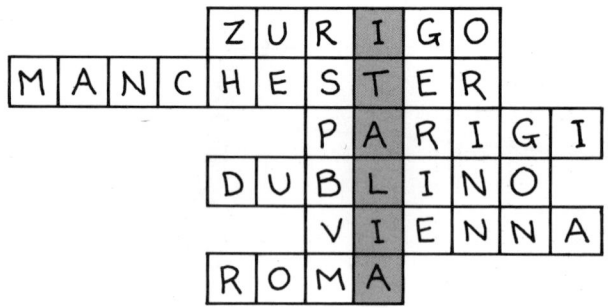

2 DOV'È CARLOS?

2. È in Svizzera.
3. Abita in Francia, a Carnac.
4. Abita in Svizzera, a Zug.
5. È in Germania.
6. È in Italia, a Tropea.
7. È in Germania, a Celle.
8. È in Austria.

3 AL CAMPEGGIO

2. Mi chiamo Angelo Fantozzi, sono italiano, di Savona.
3. Mi chiamo Jutta Wegemann, sono tedesca, di Amburgo.
4. Mi chiamo Gertrud Stähli, sono svizzera, di Zug.
5. Mi chiamo Carlos Fuente, sono spagnolo, di Madrid.
6. Mi chiamo Fred Smith, sono inglese, di Oxford.

4 BUONGIORNO! ABITA QUI . . . ?

5 ANGELO È ITALIANO, VERO?

1. Sì, è italiano.
2. Di Savona.
3. Carlos è spagnolo.
4. Sì, è tedesca.
5. No, Gertrud è svizzera.
6. È di Carnac.

6 COME MAI FRANCO È A MONACO?

1. Franco è a Monaco per imparare il tedesco.
2. Gertrud è a Parigi per imparare il francese.
3. Jacqueline è a Oxford per imparare l'inglese.
4. Fred è a Napoli per imparare l'italiano.

7 IN CITTÀ

1. Lei è italiano?
2. Come si chiama?
3. Di dov'è?
4. Dove abita?
5. Come mai è qui?
6. Che cosa fa in Italia?

8 IN TRENO

Peter: *È libero questo posto?*
Peter: *Si, sono inglese.*
Peter: *Sono di Northampton.*
Peter: *Peter. E tu?*
Antonio: *Antonio.* Che cosa fai in Italia?

Peter: *Sono qui per imparare l'italiano./Studio l'italiano a Firenze.* E tu, che cosa fai?
Antonio: *Io lavoro in banca.*
Antonio: *No, grazie.*
Antonio: *Sì.* Ciao, Peter.
Peter: *Ciao, Antonio.*

9 VERBI

a)

S	C	S	T	A	O	N	A
E	G	R	S	O	N	O	B
I	L	A	V	O	R	O	I
A	A	B	T	U	L	A	T
M	Z	I	M	P	A	R	A
U	S	T	U	D	I	A	I
F	O	O	N	I	F	A	I

LEZIONE 3

1 NUMERI

a)

b)

c)

d)

2 ANDIAMO IN QUESTO BAR?

1. a); 2. b); 3. c); 4. a).

3 DOVE PREFERISCI ANDARE?

~ Stefano, *preferisci* andare in vacanza in Francia o in Italia?
≈ Io *preferisco* andare in Italia.
~ E Anna?
≈ Anna *preferisce* andare in Spagna.
~ Noi invece *preferiamo* andare in Austria.

CRUCIVERBA ILLUSTRATO

Not supplied on a worksheet.
Make up your own clues.

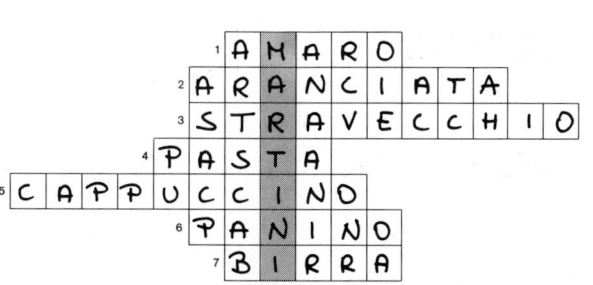

4 GRUPPI DI PAROLE

1. pasta
2. Un momento!
3. Piacere!
4. ghiaccio
5. allora

5 CHE COSA DICONO?

1. ~ Carlo, *prendi un caffè?*
   ≈ No, *preferisco un'aranciata.*
2. ~ *Prendi un gelato?*
   ≈ Sì, *volentieri.*
3. ~ *Che cosa prendiamo?*
   ≈ Io *ho* sete. *Prendo una birra.*
4. ~ *Che cosa desidera?*
   ≈ *(Vorrei) una pizza.*
5. ~ *Che cosa preferisce,* signor
   Peruzzi, *un cognac o un whisky?*
   ≈ *Preferisco* un whisky, grazie.

LEZIONE 4

1 SEGNI CONVENZIONALI

telefono – ristorante – camera singola –
camera singola con bagno o doccia –
camera doppia – camera doppia con bagno
o doccia

2 VERO O FALSO?

V	F
X	
X	
	X
	X
	X

3 A VERONA

≈ *Vorrei una camera doppia/a due letti per
4 giorni.*
≈ *Sì. Quanto costa?*
≈ *Con bagno quanto costa?*
≈ *Va bene.*
≈ *Sì, ecco il passaporto.*

4 TROVATE LA CITTÀ

Answer: GUBBIO

5 GLI AMICI DI FRANCO

a) – Sergio, di dove *sei?* – *Sono* di Roma.
   – E voi, di dove *siete?* – Carlo ed io *siamo*
   di Bologna, Pietro invece è di Modena.
b) ~ Carlo, Bettina, *avete* sete?
   ≈ Sì, *abbiamo* sete.
   ~ E tu, Sergio?
   ≈ Sì, anch'io *ho* sete.
   ~ E tu, Pietro?
   ≋ Io no!

Come mai Pietro non *ha* sete?

6 UNA CARTOLINA

Pisa è una città molto *bella.* Anche *la pensione*
dove abito è *bella* e non è *cara.* È in un posto
tranquillo, ideale per una vacanza.

NUMERI

*Not supplied on a
worksheet.*
Clues:

Orizzontale	Verticale
2. 100	1. 17
4. 13	2. 50
5. 11	3. 19
8. 20	6. 12
9. 14	7. 82
11. 60	8. 28
12. 71	10. 80
13. 30	
14. 16	

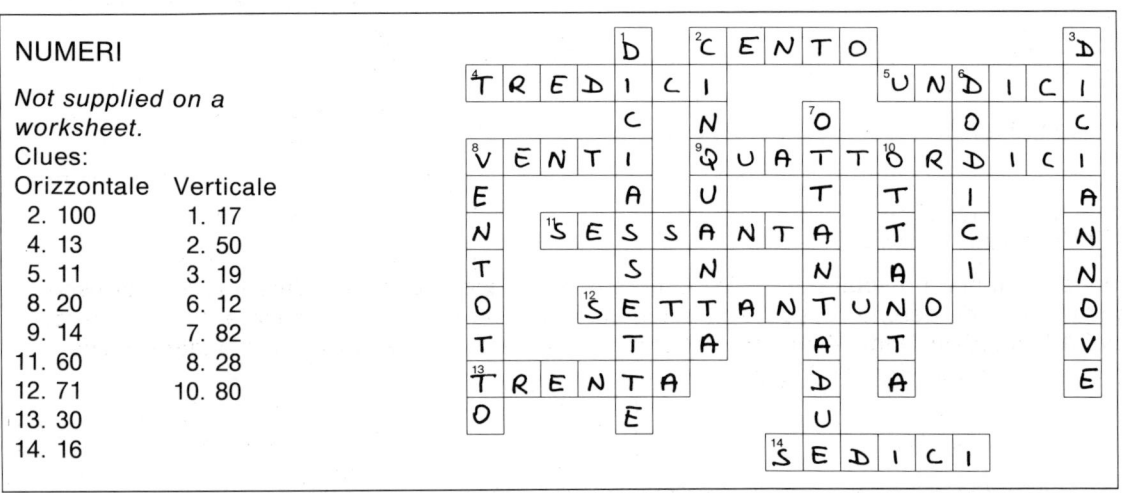

7 UN APPARTAMENTO

L'appartamento ha una camera *grande,* una camera *piccola* e un *grande* soggiorno con *balcone.* La cucina è abbastanza *grande,* il bagno invece è *piccolo.* L'appartamento è *vicino al* centro, il posto però è *tranquillo.*

8 UNA PRENOTAZIONE

Gentili Signori,
vorrei prenotare una camera doppia con bagno ed un letto piccolo per un bambino, con pensione completa, dal 10 al 30 giugno. Quanto costa al giorno a persona?
In attesa della Vostra risposta Cordiali saluti

LEZIONE 5

1 CRUCIVERBA ILLUSTRATO

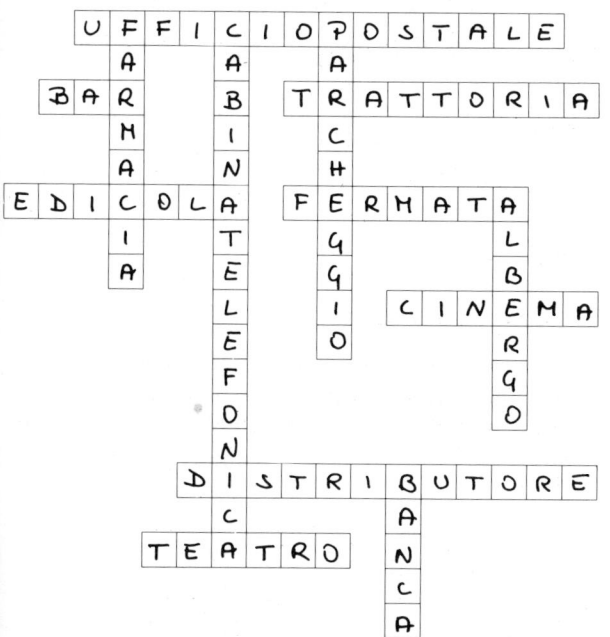

2 ROMPICAPO

1. 1
2. Mantova
3. 4
4. 3
5. Beccaria
6. 5

3 DOV'È LA FERMATA DELL'AUTOBUS?

1. È in via Carducci, accanto alla Pensione Stella.
2. È in piazza Dante, di fronte alla chiesa di San Giovanni.
3. È in via Oberdan, di fronte alla stazione.
4. È in via Mascagni, accanto all'ufficio postale.
5. È in via Mascagni, di fronte all'ufficio postale.

4 OGGI VADO AL MUSEO

Cara Jeanne, oggi non ho voglia *di* venire al corso. Preferisco andare *a* vedere il museo etrusco. Vorrei andare a piedi, perché ho voglia *di* camminare un po'. E poi mi piace stare fuori, in mezzo alla gente. Adesso devo andare perché è abbastanza lontano e stasera desidero andare anche al cinema. Hai voglia *di* venire? A stasera Karen

5 DOVE ABITA ANGELA?

Angela abita in *Via Settembrini 21.*

6 SEGNALI STRADALI

1. b); 2. b); 3. a).

7 C'È O È?

1. c'è – 2. è – 3. c'è – 4. è – 5. c'è; c'è; è – 6. c'è; c'è; è.

LEZIONE 6

1 CRUCIVERBA ILLUSTRATO

1. BIRRA
2. ZUCCHERO
3. POMODORI
4. INSALATA
5. SPAGHETTI
6. FUNGHI
7. SALE
8. PATATE
9. FARINA
10. VINO
11. CARCIOFINI

2 PRIMA E DOPO

Manca il sale, *il tè, il marsala, il latte, l'olio, lo zucchero, il caffè, la farina.* Mancano *gli spaghetti, i funghi, le olive, i carciofini e due bicchieri.*

3 IN SALUMERIA

≈ Cotto o crudo?
≈ 2.800 lire l'etto; ma è buono.
≈ No, signora, costano 2.000 lire l'etto.
≈ Non buoni, buonissimi.
≈ In tutto, settemilaseicento lire.
≈ Grazie, duemilaquattrocento a Lei.
≈ Arrivederci.

4 DOVE FA LA SPESA LA SIGNORA GINA?

La signora Gina è *al* mercato. Qui compra *la frutta* e *la verdura.* Poi va *dal* macellaio a comprare *la carne,* e poi *in* salumeria; compra *il prosciutto* e *il formaggio.* Adesso manca solo *il pane;* va *in* panetteria e poi torna *a* casa.

5 MARIA E ANTONIO FANNO LA SPESA

preferiscono, vanno, comprano, risparmiano, costano, vanno, abitano, prendono, hanno.

VERBI *Not supplied on a worksheet.*

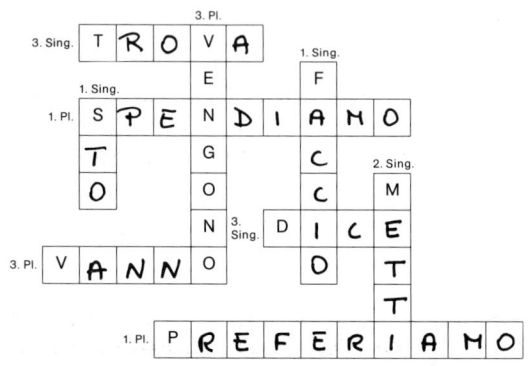

The grid must be filled in using the correct form of the verbs: andare, dire, fare, mettere, preferire, spendere, stare, trovare, venire.

LEZIONE 7

VERBI *Not supplied on a worksheet.*

1. PREFERITO
2. FATTO
3. MESSO
4. VISTO
5. AVUTO
6. LETTO
7. DETTO

The grid is completed with the past tense of:
1. preferire
2. fare
3. mettere
4. vedere
5. avere
6. leggere
7. dire

1 LA FIGLIA NON VUOLE

a)

V	F
	✗
✗	
✗	
	✗
	✗

b) Mia figlia mi lascia sempre *sola. Dopo* la morte di mio marito, nella mia vita *c'è stata* molta solitudine. Adesso ho *la possibilità* di sposare un uomo bravo e onesto, ma mia figlia non *vuole.*

Tua figlia *ha* vent' anni, non è una bambina, e non ha bisogno di un altro papà. Infatti vive *la sua* vita. Ma anche tu devi essere libera *di vivere* la tua vita! *Devi* parlare ancora con tua figlia.

LEZIONE 8

1 CHE ORE SONO?

1 F – 2 D – 3 E – 4 C – 5 B – 6 A

2 OROLOGI

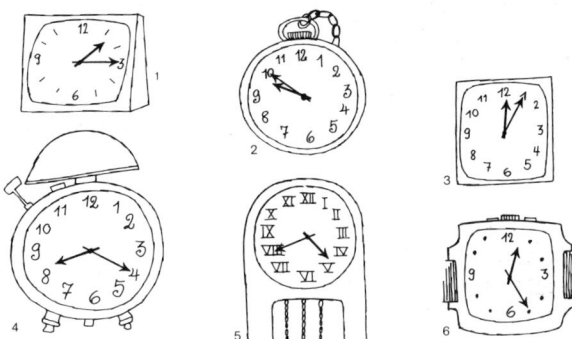

3 ORARI DI LAVORO

Io lavoro in comune. Comincio alle *otto e mezzo* e finisco a *mezzogiorno e mezzo.*

Io lavoro dalle nove fino alle otto di sera da aprile a ottobre e fino alle sette e mezzo da novembre a marzo.

Io lavoro in banca. Comincio alle otto e venti e finisco alle quattro meno un quarto.

Io vado a scuola. *Comincio alle otto e venti e finisco a mezzogiorno e mezzo. (Il pomeriggio sono libero.)*

4 LA TELEVISIONE PIACE A TANTI . . .

a)

TV 1 rai	
ore	programma
20.30	Tootsie
22.20	Coppa del Mondo

TV 2 rai	
ore	programma
21.15	concerto jazz
22.10	intervista con Milva

b)

V	F
	✗
✗	
✗	
	✗
✗	

5 CARLA

una mia collega, nel *mio* reparto, casa *mia*, casa *sua*, il *suo* ragazzo, *mio* marito, *la sua* famiglia.

6 LA MIA SETTIMANA

Ore	Lunedì	Martedì	Mercoledì	Giovedì	Venerdì	Sabato	Domenica
9				ITALIANO			MARCIA
10		TENNIS					
11							
12							
13							
14						DA ROBERTO	
15							
16							
17			17.30 CINEMA				
18							
19	CONCERTO						
20							
21					TEATRO		

7 CARLO RACCONTA

sono stato, sono andato, è venuta, ha preferito, ho conosciuto, sono arrivate, abbiamo fatto, siamo andati, abbiamo fatto, siamo rimasti, ho accompagnato, sono tornato.

8 UNA LETTERA

Gentile signor Albertosi.
Scusi se non Le ho scritto prima, ma sono appena tornato dalla Francia. La ringrazio per la Sua cartolina da Parigi. Allora è stato in Francia anche Lei! Le devo raccontare molte cose di questo viaggio. La posso invitare a casa mia una di queste sere? Così Le faccio conoscere anche mia moglie. Se vuole, La vengo a prendere con la macchina.

LEZIONE 9

CRUCIVERBA
Not supplied on a worksheet.
Clues:
1. Di solito suona la mattina.
2. Chi viene a fare una visita.
3. Bisogna portarlo fuori tutti i giorni.
4. I genitori di mio marito.
5. Titolo di una persona che ha studiato molto.
6. Una cerimonia che fa diventare due persone marito e moglie.
The marked squares give the Italian word for 'son-in-law'.

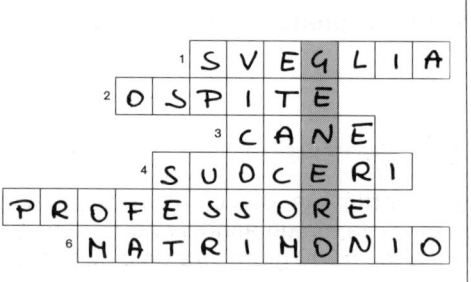

1. S V E G L I A
2. O S P I T E
3. C A N E
4. S U O C E R I
5. P R O F E S S O R E
6. M A T R I M O N I O

1 UN' INTERVISTA

≈ *Sono infermiera.*
≈ *E' molto faticoso, ma mi piace.*
≈ *Mi alzo alle 5.30, perché incomincio a lavorare già alle 7.*
≈ *Mio marito si occupa dei bambini. Li sveglia, prepara la colazione e li accompagna a scuola.*
≈ *La mia vita è difficile. Mio marito ed io siamo sempre stanchi e qualche volta litighiamo, ma questo succede in tutte le famiglie.*

2 VERBI

3 LA FAMIGLIA ITALIANA? HA CASA E SPENDE PIÙ DI UN MILIONE AL MESE

	V	F
	X	
	X	
		X
		X
		X
	X	

LEZIONE 10

1 UN' INFORMAZIONE

girate, continuate, prendete, scendete, mettete, andate.

2 I CONSIGLI DI UN AMICO

cambia, va', prendi, noleggia, prenota, prendi, telefona, chiedi, leggi.

3 LA RISPOSTA GIUSTA

1. tornate – 2. mangiare – 3. va' – 4. prenota –
5. andate – 6. prendi – 7. fa' – 8. lasciare

4 'DA', 'FA' O 'FRA'?

a) *da* tre settimane; due giorni *fa; Da* quasi una settimana;
Tre giorni *fa; da* un anno; *Fra* due o tre giorni; *da* quanto tempo;
Da 2 anni; *fra* 10 giorni; *fra* un quarto d'ora.

b)

	V	F
		X
		X
	X	
		X
		X
		X
	X	

5 IDEE DIVERSE

1a – 2h – 3d – 4i –
5c – 6g – 7e – 8j –
9b – 10k – 11f

6 PRENOTARE UNA CAMERA

a) Hotel Vela: 3a categoria, si accettano i cani, vicino alla spiaggia, con parcheggio, con telefono in camera.

b) Vorrei prenotare 2 camere doppie con bagno dal 3 luglio al 21 luglio. Abbiamo bisogno anche di un posto per la macchina. Portiamo anche il cane.

LEZIONE 11

1 ALLA STAZIONE DI FIRENZE

~ A che ora parte il prossimo treno
  per Siena?
≈ Alle 8.05.
~ Da quale binario?
≈ Dal binario 13.
~ Devo cambiare?
≈ No, è diretto.
~ A che ora arriva a Siena?
≈ Alle 9.49.
~ E la sera, a che ora c'è un treno
  per tornare?
≈ Alle 18.07 o, più tardi, alle 19.32.
~ Sono diretti tutti e due?
≈ Sì, signora.
~ Grazie, arrivederci.

2 UN TRENO PER UDINE

a)

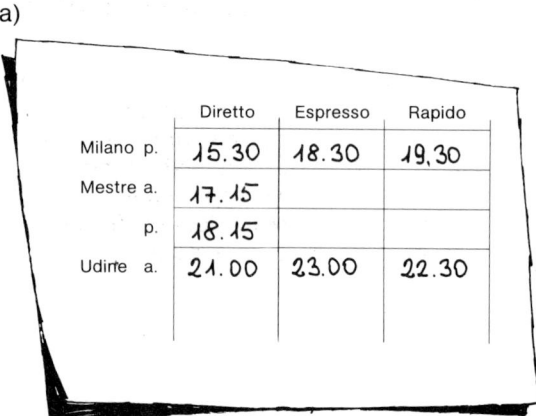

	Diretto	Espresso	Rapido
Milano p.	15.30	18.30	19,30
Mestre a.	17.15		
p.	18.15		
Udine a.	21.00	23.00	22.30

b) Lei: *Arrivo alle 23.00 con l'espresso delle*
         18.30.
  Lei: *C'è un diretto che arriva alle 21.00, ma*
         devo partire da Milano alle 15.30 e poi
         cambiare a Mestre. Poi c'è un rapido
         che arriva alle 22.30, ma ha solo la
         prima classe.
  Lei: *Alle 23.00.*

c) ~ *Un biglietto per Udine, seconda classe.*
  ~ *No, solo andata. Quanto costa?*
  ~ *Da quale binario parte?*
  ~ *Grazie.*

3 SUPERLATIVI

Glenda Jackson è l'attrice inglese più famosa in Ita
Roma è la città più grande d'Italia.
I TEE sono i treni rapidi più moderni delle Ferrovie
  dello Stato.
L'aereo è il mezzo più veloce per viaggiare.
Il treno è il mezzo più comodo per viaggiare.
L'estate è la stagione più calda dell'anno.
Il duomo di Milano è la chiesa più famosa della cit

4 A TORINO

. . . e lì vede *la stazione Porta Nuova;* . . . ed è
subito *al Mastio della Cittadella;* . . . alla sua
sinistra vede *la Mole Antonelliana;* . . . sulla
sinistra vede *il Palazzo delle Esposizioni.*

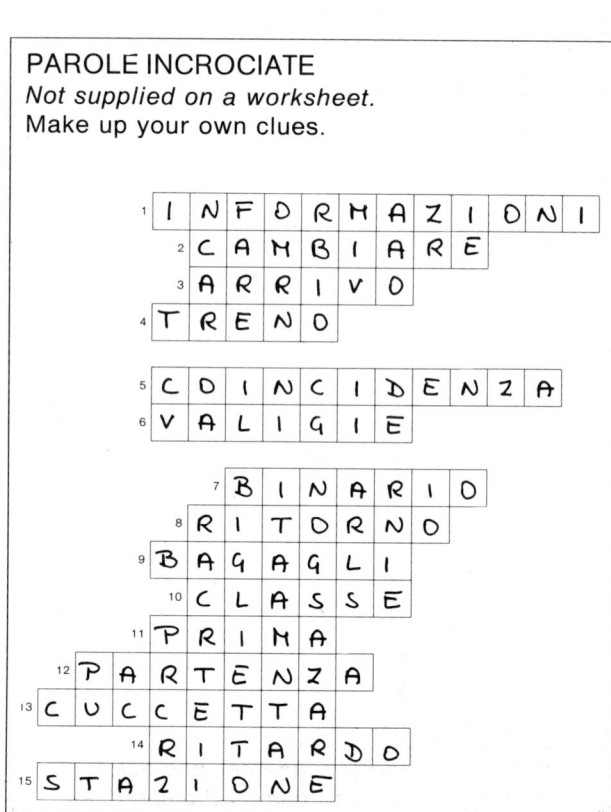

PAROLE INCROCIATE
Not supplied on a worksheet.
Make up your own clues.

1. INFORMAZIONI
2. CAMBIARE
3. ARRIVO
4. TRENO
5. COINCIDENZA
6. VALIGIE
7. BINARIO
8. RITORNO
9. BAGAGLI
10. CLASSE
11. PRIMA
12. PARTENZA
13. CUCCETTA
14. RITARDO
15. STAZIONE

LEZIONE 12

1 CHE COSA SI FA?

1. Si va al ristorante.
2. Si offre qualcosa da bere.
3. Si prende ancora un po' di zucchero.
4. Si resta a casa.
5. Si va al cinema.
6. Si prende una camomilla.
7. Si fa un bagno.
8. Si ringrazia e si dice di sì.

2 FANTASIA DI PAROLE

2. scaloppine al marsala
3. scaloppine di vitello
4. spaghetti al pomodoro
5. spaghetti al burro
6. bicchiere di vino
7. bicchiere d'acqua
8. bicchiere da vino
9. bicchiere da acqua
10. finocchi al burro

3 WORD TABLE

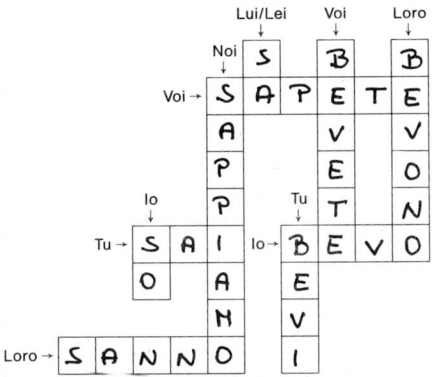

Mix all the above dishes together and ask your students to unravel them and place them in the correct part of the menu.

4 AL RISTORANTE

1. c, i
2. d, h
3. f, k
4. a, g
5. l, n
6. e, j
7. b, m

5 IN UN NEGOZIO DI GENERI ALIMENTARI

mezzo chilo *di* fragole; ci sono *delle* more e *dei* lamponi; *dell'*uva; tre etti *di* questi lamponi; anche *del* formaggio; un po' *di* gorgonzola; *dei* panini; un pezzo *di* pane integrale.

LISTA DELLE VIVANDE
Not supplied on a worksheet.

Antipasti
Antipasto misto
Insalata di mare

Primi piatti
Gnocchi al burro
Risotto alla marinara
Zuppa di pesce
Tortellini alla chef
Spaghetti alla carbonara

Secondi piatti
Fritto misto
Pollo arrosto
Sogliola fritta
Scaloppine alla milanese

Contorni
Fagiolini
Insalata mista
Insalata verde

Formaggi assortiti

Frutta e dolce
Crema caramel
Frutta di stagione
Kiwi con gelato
Macedonia di frutta
Zuppa inglese

CRUCIVERBA
Not supplied on a worksheet.
Write or draw your own clues.

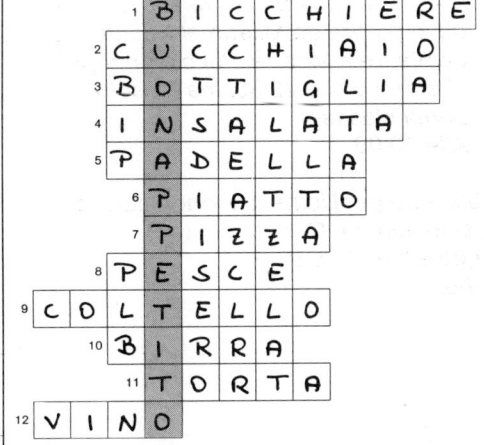

6 VOCABOLI

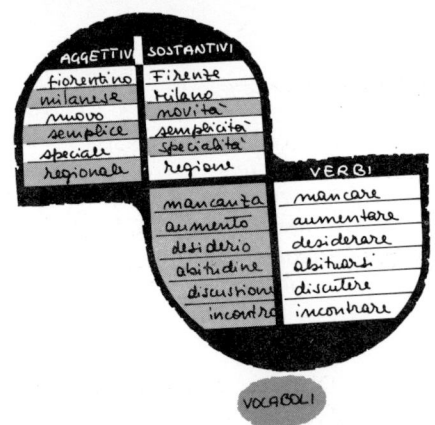

LEZIONE 13

1 ALTA MODA

1 – R
2 – O
3 – B
4 – E
5 – R
6 – T
7 – A

Answer:

ROBERTA
(da CAMERINO)

2 DOV'È RIMASTA LA VALIGIA?

1 paio di scarpe bianche
1 borsetta nera
1 paio di calze nere
1 paio di calze scozzesi
1 gonna arancione
1 gonna scozzese
1 paio di pantaloni grigi
1 paio di pantaloni bianchi
1 paio di pantaloni a quadri
1 sciarpa arancione
1 camicetta bianca
1 camicetta a righe
1 camicetta a quadri
1 maglione nero
1 maglione grigio
1 copia di ''avanti''

WORD TABLE
Not supplied on a worksheet.
Make up your own clues for the word table in English or Italian, e.g.
Orizzontale
  2. Colore fra il bianco e il nero.
17. Colore del sole.
Verticale
  1. Colore fra il blu e il rosso.
  2. In Scozia la portano anche gli uomini.
  5. Fra il celeste e il blu.
  9. È piena di abiti.
      etc.

3 IN UN NEGOZIO DI MODA

≈ *Vorrei provare i pantaloni rossi di velluto a coste che sono in vetrina.*
≈ *Dov'è la cabina?*
≈ *Mi sembrano un po' troppo stretti. Vorrei provare una taglia più grande.*
≈ *Com'è il verde? Chiaro o scuro?*
≈ *Questi pantaloni mi vanno bene, ma quelli rossi mi piacciono di più.*
≈ *No, grazie, non importa.*

4 QUESTO O QUELLO?

~ Ti piace *quest*'ombrello?
≈ Sì, ma *quello* a quadri è più bello.
~ Ma è anche più caro!
≈ Non importa, se ti *piace* di più, compralo!

~ Ti *piacciono queste* scarpe?
≈ Sì, ma preferisco *quelle* lì; sono più eleganti.
~ Sì, ma sono anche più care!
≈ Non importa, se ti *piacciono* di più, *comprale!*

~ Ti *piacciono questi* occhiali da sole?
≈ Sì, ma preferisco *quelli* perché ti stanno meglio.
~ Lo so, ma sono anche più cari!
≈ Non importa, *comprali,* domani non pensi più ai soldi!

5 DIVISA NUOVA PER LE VIGILESSE ROMANE

b) la vigilessa – la donna vigile
il comune – la città
realizzare – fare
il giubbotto – la giacca
ideare – progettare, inventare
estivo – aggettivo di: estate (giugno, luglio, agosto)
invernale – aggettivo di: inverno (dicembre, gennaio, febbraio)
la pelle – il cuoio

c)

	Sì	No
		X
	X	
		X
		X
	X	

LEZIONE 14

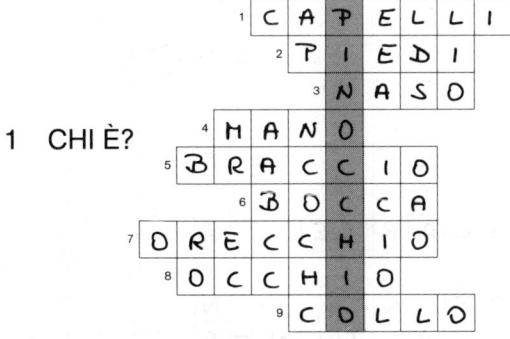

1 CHI È?

1. CAPELLI
2. PIEDI
3. NASO
4. MANO
5. BRACCIO
6. BOCCA
7. ORECCHIO
8. OCCHIO
9. COLLO

2 NE, NIENTE, NESSUNO

1. Sì, *ne* ho *tre.*
2. No, *non voglio* mangiare *niente.*
3. Sì, sono belle davvero. *Ne* prendo *un chilo.*
4. No, *non è venuto nessuno.*
5. Sì, questo sciroppo è buonissimo.
   Ne prenda un cucchiaino dopo i pasti.
6. No, *non ho visto niente.*

3 AGGETTIVO O AVVERBIO?

1. leggermente; 2. completa; 3. leggero; 4. probabilmente; 5. tranquillo; 6. probabile;
7. completamente; 8. tranquillamente.

4 LA PAROLA CHE NON VA

1. ospedale
2. salute
3. fumo
4. unico
5. bambola
Answer: SAUNA

5 LEGGERE E CAPIRE

1. No. 1, 2 e 4
2. No. 3
3. No. 4
4. No. 1

6 CREPEREIA

a)

	V	F
	☒	☐
	☒	☐
	☐	☒
	☐	☒

b) Quasi tutti i bambini ne hanno una: *bambola*
Quello che rimane di una persona morta: *resti*
Si va a vedere perchè è interessante: *mostra*
Li mettono le donne: *gioielli*
Insieme di persone: *gente*
Si riceve sempre volentieri: *regalo*
Si chiama così una donna che si sposa: *sposa*
Il contrario della morte: *vita*

LEZIONE 15

1 UN ANNUNCIO IMPORTANTE

AFFITTASI bella camera ben arredata, zona tranquilla,
uso servizi e cucina, balcone, riscaldamento
luce acqua compresi. L. 150.000 mensili.

2 È TUTTO BELLO

1. belle; 2. bel; 3. bell'; 4. bei; 5. begli; 6. bello.

3 L'APPARTAMENTO NUOVO

Cara Luisa; nostro *nuovo* appartamento;
una soluzione *ideale;* una zona *tranquilla;*
una *bella* strada *elegante;* una casa
moderna; al *quinto* piano; una vista
meravigliosa; un *bel* soggiorno; un
piccolo studio; un balcone *molto grande;*
le serate *calde;* una famiglia *inglese;* due
bambini *simpaticissimi;* dei *bei* negozi;
L'*unico* problema; mi costa *molto* tempo;
con un *forte* abbraccio.

4 UN CONSIGLIO

2. Dovreste comprarvi una casa.
3. Dovresti farle un regalo.
4. Dovrebbero alzarsi prima.
5. Dovresti andarlo a trovare.
6. Dovresti scrivergli una cartolina.
7. Dovresti mangiarne ancora un po

5 VERBI

P	R	E	F	E	R	I	S	C	O
A		L	A	S	C	I	O	E	D
R	R	A	C	C		S	O	R	I
T	I	V	C	O	N	O	S	C	O
D	C	O	I	V	E	N	G	O	V
B	E	V	O	E	D	O	R	M	O
	V	A		D	I	D	E	E	G
H	O	D	B	O	C	E	S	T	L
	P	O	S	S	O	V	T	T	I
R	I	M	A	N	G	O	O	O	O

6 SE SI VUOLE ...

2. Se si deve risparmiare, si prende in affitto un appartamento
   che costa poco.
3. Se non si ha il telefono, si perdono i contatti con gli amici.
4. Se si ama la vita semplice, si preferisce vivere in campagna.
5. Se si vuole comprare una casa, si devono avere molti soldi.
6. Se si è senza macchina, si preferisce abitare vicino al centro.
7. Se si hanno mobili antichi, si deve prendere una casa grande.

7 VOCABOLI

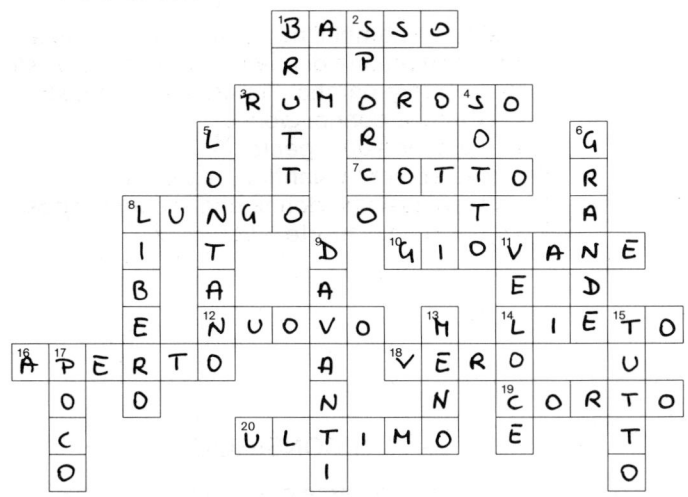

8 ANNUNCI

2. Vendita alloggi: 1; 2; 6 – Offerte affitto: 3; 4; 5
3. Appartamenti: 1; 3; 4; 5 – Case: 2; 6
4. a) 4 und 5
   b) Annuncio No. 4
   1. Quanto costa per il mese di luglio (giugno/settembre)?
   2. Si può aggiungere un posto letto?
   3. È vicino al mare?
   4. È in un posto tranquillo?
   5. Ci può mandare un dépliant?

LEZIONE 16

1 DOMINO

1 – 4 – 5 – 6
1 – 4 – 9 – 10 – 5 – 6
2 – 7 – 9 – 10
3 – 7 – 9 – 8

3 UNA CARTOLINA DALLE VACANZE

1. Liguria
2. Calabria
3. Piemonte
4. Sicilia
5. Trentino - Alto Adige
6. Toscana

2 PIÙ O MENO?

1. I jeans *sono più lunghi dei* pantaloni.
2. Il vocabolario d'italiano è *meno caro del* vocabolario di tedesco.
3. La Fiat Uno è *meno veloce della* Ferrari.
4. L'appartamento della famiglia Rossi è *più piccolo dell'*appartamento della famiglia Verdi.
5. Il signor Martini è *più vecchio della* signora Martini.
6. Il grattacielo è *più alto della* chiesa.

SPORT
Not supplied on a worksheet.
Draw or write your own clues.

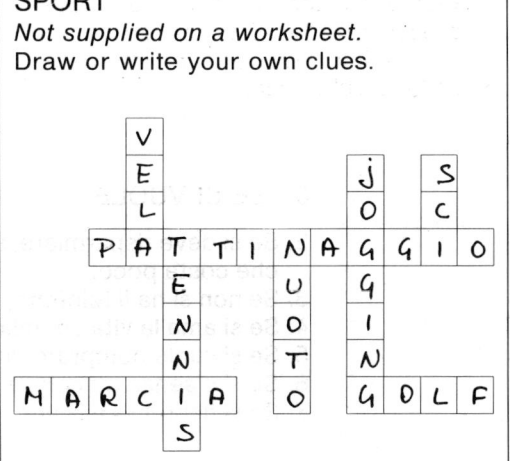

LEZIONE 17

1 GLI ANTICHI ROMANI

avevano; si alzavano; si occupavano; facevano; andavano; avevano; andavano; offriva; ritornavano; mangiavano; seguiva; lavoravano; mangiavano; era; c'erano; organizzavano; era; erano; aveva.

2 WORD TABLE

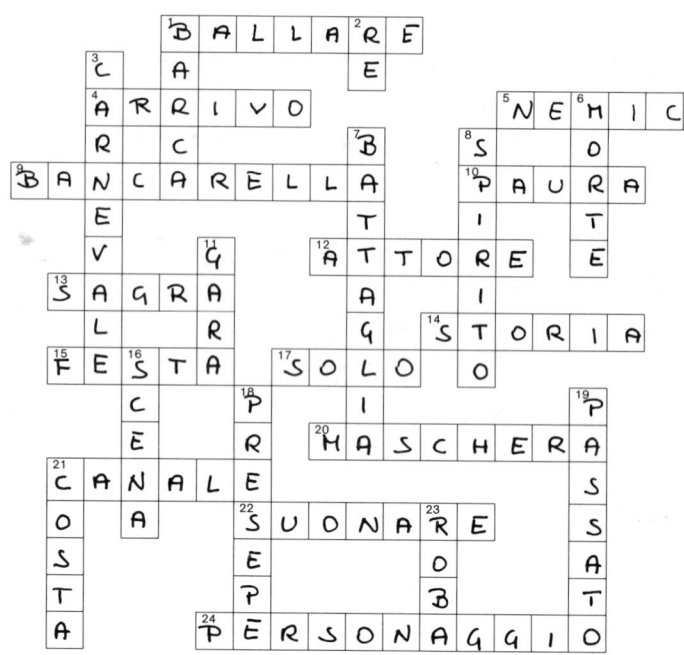

3 UNA TRADIZIONE DIVENTA REALTÀ

a)

	V	F
		X
		X
	X	
	X	
		X

b)

	Luogo della scena	Personaggi
1. Taverna	Un paese in un giorno di festa	abitanti del paese e stranieri
2. Annuncio	prati	pastori con le loro greggi
3. Natività	una stalla	Gesù Giuseppe Maria

4 CRUCIVERBA

1. RAPPRESENTAZIONE
2. VITA
3. NASCITA
4. MORTE
5. RICORDO
6. ARRIVO
7. PREVISIONE